体育运动

羽毛球 乒乓球
YUMAOQIU PINGPANGQIU

主编 田云平 赵锦锦
才立辉 陈 伟

走进**大自然**
走到阳光下
养成**体育锻炼**
好习惯

吉林出版集团股份有限公司 全国百佳图书出版单位

图书在版编目（CIP）数据

羽毛球 乒乓球 / 田云平，赵锦锦等主编.—长春：吉林出版集团股份有限公司，2011.5（2024.1 重印）
ISBN 978-7-5463-5265-7

Ⅰ．①羽… Ⅱ．①田… ②赵… Ⅲ．①羽毛球运动—青年读物②羽毛球运动—少年读物③乒乓球运动—青年读物④乒乓球运动—少年读物 Ⅳ．①G846-49②G847-49

中国版本图书馆 CIP 数据核字（2011）第 081745 号

羽毛球 乒乓球

主编 田云平 赵锦锦 才立辉 陈伟
责任编辑 息望 杜琳
出版发行 吉林出版集团股份有限公司
印刷 三河市同力彩印有限公司
版次 2011 年 7 月第 1 版 2024 年 1 月第 9 次印刷
开本 787mm×1092mm 1/16 印张 10 字数 100 千
地址 吉林省长春市福祉大路 5788 号 邮编 130000
电话 0431-81629968
电子邮箱 11915286@qq.com
书号 ISBN 978-7-5463-5265-7
定价 45.80 元

版权所有 翻印必究
如有印装质量问题，请寄本社退换

《体育运动》编委会

主　　任　宛祝平

编　　委　支二林　方志军　王宇峰　王晓磊　冯晓杰
　　　　　　田云平　兴树森　刘云发　刘延军　孙建华
　　　　　　曲跃年　吴海宽　张　强　张少伟　张铁民
　　　　　　李　刚　李伟亮　李志坚　杨雨龙　杨柏林
　　　　　　苏晓明　邹　宁　陈　刚　岳　言　郑凤家
　　　　　　宫本庄　赵权忠　赵利明　赵锦锦　潘永兴

目录 CONTENTS

羽毛球

第一章 运动保护
第一节 生理卫生.....................2
第二节 运动前准备.....................3
第三节 运动后放松.....................8
第四节 恢复养护.....................10

第二章 羽毛球概述
第一节 起源与发展.....................12
第二节 特点与价值.....................13
第三节 国际大赛.....................15

第三章 羽毛球场地、器材和装备
第一节 场地.....................18
第二节 器材.....................21
第三节 装备.....................23

第四章 羽毛球基本技术
第一节 握拍法.....................26
第二节 发球技术.....................27
第三节 接发球技术.....................34
第四节 高球.....................38
第五节 吊球.....................41

目录 CONTENTS

第六节　杀球 44
第七节　搓球 47
第八节　推球 49
第九节　勾球 52
第十节　扑球 54
第十一节　抽球 57
第十二节　挑球 59
第十三节　基本步法 61
第十四节　起跳腾空 69

第五章　羽毛球基础战术
第一节　单打战术 72
第二节　双打战术 73

第六章　羽毛球比赛规则
第一节　程序 78
第二节　裁判 82

乒乓球

第七章　乒乓球概述
第一节　起源与发展 86
第二节　特点与价值 87

目录 CONTENTS

第八章 乒乓球场地、器材和装备
 第一节 场地……………………………92
 第二节 器材……………………………93
 第三节 装备……………………………95

第九章 乒乓球基本技术
 第一节 握拍……………………………98
 第二节 发球……………………………101
 第三节 接发球…………………………104
 第四节 推挡球…………………………108
 第五节 攻球……………………………112
 第六节 搓球……………………………123
 第七节 削球……………………………127
 第八节 步法……………………………132

第十章 乒乓球基础战术
 第一节 快攻型打法常用战术…………138
 第二节 弧圈球型打法常用战术………141

第十一章 乒乓球比赛规则
 第一节 程序……………………………144
 第二节 裁判……………………………149

羽毛球

第一章 运动保护

"生命在于运动",但是盲目、不科学的运动非但不能起到强身健体的作用,反而会给身体带来一定的伤害。只有掌握体育锻炼的一般性生理卫生知识,科学地进行体育锻炼,才能起到健身强体的作用。

第一节 生理卫生

青少年在进行体育运动时，除了应进行一般性的身体检查和必要的咨询外，还要注意培养运动兴趣和把握适当的运动强度。

 一、培养运动兴趣

在进行体育运动前，必须培养自己对体育运动的兴趣。培养对体育运动的兴趣方法有很多，如观看体育比赛，与同学、朋友进行体育比赛等。有了浓厚的兴趣，就能自觉地投入体育运动之中，从而达到理想的体育锻炼效果。

 二、把握运动强度

因为青少年进行体育运动，主要是在体育运动的过程中增强体质，提高健康水平，而不仅是为了创造运动成绩，所以运动强度不宜过大。控制运动强度最简单的办法是测定运动时的脉搏。对青少年来说，运动时的脉搏控制在每分钟 140 次左右较为合适。

YUNDONG BAOHU

第二节 运动前准备

运动前进行充分的准备活动，对于青少年来说是非常重要的。一些青少年体育运动爱好者，常常不重视运动前的准备活动，导致各种运动损伤，影响运动效果，也容易失去对体育运动的兴趣，甚至造成对体育运动的畏惧。因此，青少年在进行体育运动前，必须做好充分的准备活动。

 一、准备活动的作用

运动前做好充分的准备活动能够对肌肉、内脏器官有很大的保护作用，同时还可以提前调节运动时的心理状态。

(一)提高肌肉温度，预防运动损伤

运动前进行一定强度的准备活动，不仅可以使肌肉内的代谢过程加强，温度增高，黏滞性下降，提高肌肉的收缩和舒张速度，增强肌力，同时还可以增加肌肉、韧带的弹性和伸展性，减少由于肌肉剧烈收缩而造成的运动损伤。

(二)提高内脏器官的功能水平

内脏器官的功能特点之一就是生理惰性较大，即当活动开始、肌肉发挥最大功能水平时，内脏器官并不能立刻进入

003

最佳活动状态。

(三)调节心理状态

青少年进行体育锻炼不仅是身体活动,同时也是心理活动。研究证明,心理活动在体育锻炼中起着非常重要的作用。体育锻炼前的准备活动,可以起到心理调节的作用,即接通各运动中枢间的神经联系,使大脑皮层处于最佳兴奋状态。

二、如何进行准备活动

一般来说,准备活动主要应考虑内容、时间和运动量等问题。

(一)内容

准备活动可分为一般准备活动和专项准备活动。一般准备活动主要是一些全身性的身体练习,如跑步、踢腿、弯腰等。一般准备活动的作用在于提高整体的代谢水平和大脑皮层的兴奋状态,减少运动损伤的发生。专门性准备活动是指与所从事的体育锻炼内容相适应的动作练习。

下面介绍一套一般准备活动操,供青少年运动前使用。这套活动操主要包括头部运动、肩部运动、扩胸运动、体侧运动、体转运动、髋部运动和踢腿运动等。

1.头部运动

头部运动的动作方法(见图1-2-1)是：

两手叉腰，两脚左右开立，做头部向前、向后、向左、向右，以及绕环运动。

2.肩部运动

肩部运动的动作方法(见图1-2-2)是：

手扶肩部，屈臂向前、向后绕环，以及直臂绕环。

3.扩胸运动

扩胸运动的动作方法(见图1-2-3)是：

屈臂向后振动及直臂向后振动。

4.体侧运动

体侧运动的动作方法(见图1-2-4)是：

两脚左右开立，一手叉腰，另一臂上举，并随上体向对侧振动。

5.体转运动

体转运动的动作方法(见图1-2-5)是：

两脚左右开立，两臂体前屈，身体向左、向右有节奏地扭转。

6.髋部运动

髋部运动的动作方法(见图1-2-6)是：

两脚左右开立，两手叉腰，髋关节放松，做向左、向右360°旋转。

7.踢腿运动

踢腿运动的动作方法(见图1-2-7)是：

两臂上举后振，同时一腿向后半步，然后两臂下摆后振，同时向前上方踢腿。

图 1-2-1

图 1-2-2

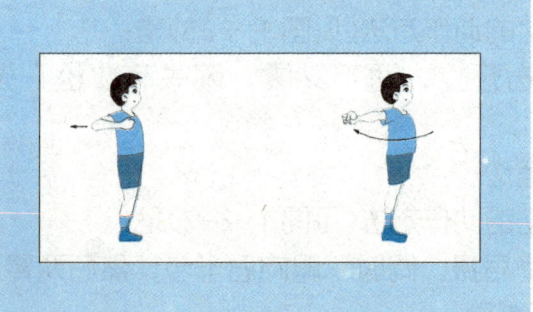

图 1-2-3

图 1-2-4

图 1-2-5

图 1-2-6

图 1-2-7

(二)时间和运动量

准备活动的时间和运动量随体育锻炼的内容和量而定,由于以健身为目的的体育运动量较小,因此准备活动的量也相对较小,时间也不宜过长,否则,还未进行体育锻炼身体就疲劳了。半小时的体育锻炼,准备活动时间一般以 10 分钟左右为宜。

第三节 运动后放松

进行剧烈的体育运动后,有些青少年习惯坐在地上,或是直接躺下来休息,认为这样可以快速消除疲劳。其实不然,这样做的结果不仅不能尽快地恢复身体功能,反而会对身体产生不良影响,正确的做法应该是运动后做一些整理活动,放松身体。

一、运动后整理活动的必要性

运动后的整理活动不但可以避免头晕等症状，还可以有效地消除疲劳。

(一)避免头晕

人体在停止运动后，如果停下来不动，或是坐下来休息，静脉血管失去了骨骼肌的节律性收缩，血液会由于受重力作用滞留在下肢静脉血管中，导致回心血量减少，心血输出量下降，造成暂时性脑缺血，出现头晕、眼前发黑等一系列症状，严重者甚至会出现休克。为了避免这些症状的发生，整理活动是非常必要的。

(二)消除疲劳

除了避免头晕等症状的发生，运动后的整理活动还可以改善血液循环状态，达到快速消除疲劳的目的。

二、放松方法

在运动后放松时，应注意以下几个问题：
(1)做一些放松跑、放松走等形式的下肢运动，促进下肢静脉血的回流，防止体育锻炼后心血输出量的过度下降；
(2)在下肢活动后进行上肢整理活动，右臂活动后做左臂的整

理活动，通过这种积极性休息，使身体功能得到尽快恢复；

（3）整理活动的量不要过大，否则整理活动又会引起新的疲劳；

（4）在进行整理活动时，应当保持心情舒畅、精神愉快的感觉。

第四节 恢复养护

人体在运动后，除采用休息和积极性体育手段加速身体功能的恢复外，还可以根据体育运动的特点，补充不同的营养物质，以尽快消除疲劳。

体育运动结束后，人体内会产生一种叫作乳酸的酸性物质，它的积累会造成机体的疲劳，使恢复时间延长。所以，我们在体育运动后，应多补充一些碱性食物，如蔬菜、水果等，而动物性蛋白等肉类食品偏"酸"，在运动后的当天可适当减少。

第二章 羽毛球概述

羽毛球运动是在室内进行的球类项目之一。现代羽毛球运动发展至今,已有 100 多年的历史。羽毛球运动既是一项激烈的竞技性比赛项目,又是一项有着广泛观众基础、深受大众喜爱的休闲体育运动。

第一节 起源与发展

一、起源

现代羽毛球运动起源于英国,它是由印度的"浦那游戏"逐步演变而成的。

相传在 19 世纪中叶,印度有一种类似今日羽毛球运动的游戏十分普及。球是以绒线编织成的,上插羽毛,人们手持木拍,隔网将球在空中来回对击。

19 世纪 60 年代,一批退役的英国军官把这种游戏带回了英国。后来,这种游戏逐步演变成一项竞技运动。

二、发展

1877 年,第一本关于羽毛球比赛规则的书在英国出版。1893 年,世界上第一个羽毛球协会在英国成立。

羽毛球运动从不列颠诸岛流传到斯堪的纳维亚和英联邦各国,20 世纪初,流传到亚洲、美洲、大洋洲,最后传到非洲。

随着这项运动在世界上开展的国家越来越多,1934 年,国际羽毛球联合会在英国成立,总部设在伦敦。

1939 年,国际羽毛球联合会通过了各会员国共同遵守的《羽毛球竞赛规则》。

1948 年至 1949 年,举办了首届世界男子羽毛球团体赛(汤姆斯杯赛)。

20世纪50年代中期至60年代初，美国连续3届获得女子团体比赛(尤伯杯赛)的冠军。

20世纪60年代后期至70年代，世界羽坛的优势转向日本。

1981年5月，国际羽联重新恢复了中国在国际羽联的合法席位，从此揭开了国际羽坛历史上新的一页，进入了中国羽毛球选手称雄国际羽坛的辉煌时期。

在1988年汉城奥运会上，羽毛球被列为表演项目。

1992年，在巴塞罗那奥运会上，羽毛球被正式列为比赛项目，从此，羽毛球运动进入了一个新的发展时期。

第二节 特点与价值

羽毛球运动作为一种体育运动和娱乐活动，受到人们的广泛欢迎和关注，这与羽毛球运动自身的特点和价值是分不开的。

一、特点

羽毛球运动是深受广大群众喜爱的小型球类运动，有其特有的风格：一方面它是一项技巧性很强的竞技性比赛项目，另一方面，它又是一项普及性很强，老少皆宜的活动，既能强身健体，又充满乐趣。青少年经常进行羽毛球锻炼，能促进生长发育，提高身体各方面的机能，培养不怕困难，不甘心落后，顽强的拼搏精神，从而提高身体素质、促进身心健康。

(一)全身运动

无论是进行有规则的羽毛球比赛,还是作为一般性的健身活动,都要在场地上不停地进行脚步移动、跳跃、转体和挥拍。合理地运用各种击球技术和步法将球在场上往返对击,将增大上下肢和腰部肌肉的力量,加快运动者全身血液循环,增强心血管系统和呼吸系统的功能。长期进行羽毛球锻炼,可使人心跳强而有力,肺活量加大。

(二)简便性

1. 不受场地的限制

羽毛球活动对设备的基本要求比较简单,只需两个球拍、一个球和一条绳索即可。平时进行羽毛球活动只要有平整的空地就可以了。

2. 不受人数的限制

羽毛球运动既可单兵作战(两人对练),又可集体会战(双打练习或三人对三人对练)。

3. 不受年龄、性别的限制

羽毛球运动游戏性较强,运动量可大可小。不同年龄、不同性别以及不同体质的人,都能在羽毛球运动中找到乐趣。

二、价值

由于羽毛球技术的千变万化,使羽毛球运动具有很高的锻炼价值和欣赏价值。

（一）增强体质

羽毛球运动可以全面增强人的体质。经常从事该项体育活动，可以发展人体的灵活性和协调性，而且能起到增进健康、抗病防衰、调节精神的作用。

（二）锻炼心理素质

羽毛球活动包括揣摩对方战术意图，把握战机，运用战术等智力因素，因此，经常从事该项运动可以使人思维敏捷。同时，由于比赛的紧张和竞争的激烈，使练习者的心理素质能够得到很好的锻炼。在竞争中，将强化进取精神，使人的智、勇、技在竞争与对抗中得到升华。

第三节 国际大赛

 一、汤姆斯杯赛

汤姆斯杯赛即世界男子团体羽毛球锦标赛。

 二、尤伯杯赛

尤伯杯赛即世界女子团体羽毛球锦标赛。

三、世界羽毛球锦标赛

世界羽毛球锦标赛即世界羽毛球单项锦标赛,共设有男、女单打,双打和混合双打五个比赛项目。

四、苏迪曼杯赛

苏迪曼杯赛即世界羽毛球混合团体比赛。

五、国际系列大奖赛

国际系列大奖赛始于1983年,比赛分成若干赛区,由许多比赛组成系列。根据运动员在各次比赛中的成绩积分,进行排名,选出前16名运动员进行总决赛。

六、世界杯羽毛球赛

由国际羽联邀请当年成绩优异的选手参加,创办于1981年。

七、全英羽毛球锦标赛

英格兰羽毛球协会于1899年创办,原是每年3月份的最后一周在伦敦附近的温布利体育中心举行,现改为每年的3月份进行,它是世界上历史最悠久的羽毛球比赛。

第三章 羽毛球场地、器材和装备

　　羽毛球运动是一项普及性运动，器材和装备档次不一。在不同的场地、使用不同的球拍打出的球速也不相同，所以，我们需要对羽毛球的场地、器材和装备有一定的了解。

第一节 场地

羽毛球场地是运动员进行练习或比赛的场所，一般打羽毛球要有专门的场地，因为没有好的场地，很容易使运动员在跑跳过程中受伤，给打羽毛球的人带来不便。

一、规格

(1)球场呈长方形,长13.4米,单打球场宽5.18米,双打球场宽6.1米;

(2)场外侧两条边线为双打场地边线,里侧两条边线为单打场地边线,二者相距0.64米;

(3)前发球线距球网1.98米,与球网平行,后发球线距离端线0.76米与端线相平行;

(4)前发球线中点与端线中点相连的中线将球场分为左发球区与右发球区;

(5)场中各线宽度均为4厘米,场地的丈量从线的外沿算起（见图3-1-1）。

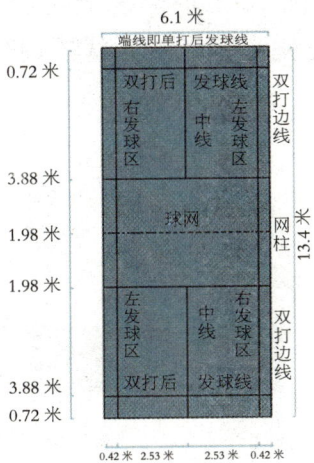

图 3-1-1

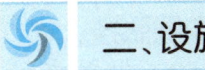 二、设施

(一)地面

理想的比赛场地采用化学合成材料铺设,如木板、水泥地或三合土地面。

(二)网柱(见图 3-1-2)

(1)网柱高 1.55 米,与地面垂直,必须稳固,使球网保持拉紧状态;

(2)网柱应放置在边线的中点上;

（3）如不能设置网柱,必须采用其他办法标出边线通过网下的位置,如可以使用细柱和 4 厘米的条状物固定在边线上,垂直向上到网顶绳索处。

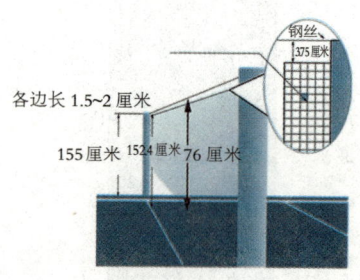

图 3-1-2

（三）球网(见图 3-1-3)

（1）球网应为深色,用优质的细绳织成,在场地中间张挂;

（2）网孔为方形,各边长均在 1.5~2 厘米之间,网上下宽为 76 厘米;

（3）网的顶端用 7.5 厘米宽的白布对折而成,用绳索或钢丝从夹层中穿过,白布的上沿必须紧贴绳索或钢丝;

（4）绳索或钢丝必须有足够的长度和强度,能牢固地拉紧并与网柱的顶端取平;

（5）球网的两端必须与网柱系紧,它们之间不应有断口。

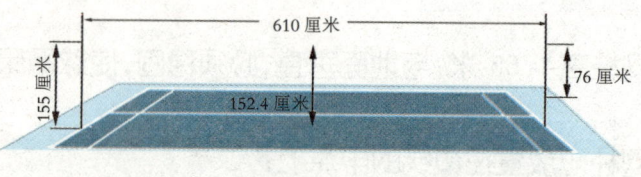

图 3-1-3

三、要求

(1)球场上空12米内,四周4米内不得有障碍物,障碍物不得与球场相邻;

(2)场地不宜太滑或太黏,要有一定的弹性;

(3)球场上空灯具不宜反光,妨碍运动员的击球;同时要避免自然光的干扰。

第二节 器材

进行羽毛球运动所需要的器材包括羽毛球拍和羽毛球。一名好的运动员如果没有一支好的羽毛球拍,会对他技术的发挥产生很大影响,拥有一支好的羽毛球拍,会使运动员轻松地打出自己理想的球。

一、球拍

(一)规格

(1)拍框总长度不超过68厘米,宽不超过23厘米;

(2)拍弦面长不超过28厘米,宽不超过22厘米(见图3-2-1)。

(二)材质

羽毛球拍是用木料、铝合金或碳素纤维等质地轻而坚实且富有弹性的材料制作而成的。

(三)构造

(1)球拍由拍柄、拍弦面、拍头、拍杆和连接喉构成整个框架；
(2)拍弦面应是平的,用拍弦穿过拍头十字交叉或其他形式编织而成,编织式样应保持一致。

图 3-2-1

二、羽毛球

(1)羽毛球重 4.74~5.5 克,应有 16 根羽毛插在半球形的软木托上；
(2)羽毛顶端围成圆形,直径为 58~68 毫米,羽毛应用线或其他适宜材料扎牢；
(3)球托直径 25~28 毫米,底部为圆形(图 3-2-2)。

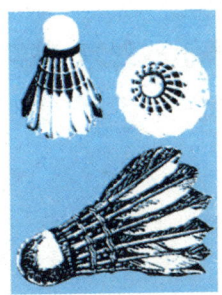

图 3-2-2

第三节 装备

一名好的羽毛球运动员不仅要有一支好的羽毛球拍,还要有一身适合打羽毛球的装备。

一、服装

(一)款式

现在的羽毛球服装,不论是男子服装,还是女子服装,多为T恤衫和短裤。

(二)要求

(1)服装要宽松舒适,便于活动,面料一般为吸汗性和透气性

较好的棉制品；

（2）要整洁干净，以表示对对方、裁判员和观众的尊重。

二、羽毛球鞋

（一）款式

（1）羽毛球鞋的种类很多，从鞋面质地上讲，主要有皮革和帆布两类，鞋面上有包裹大脚趾部位的皮革或帆布，防止过度磨损；

（2）羽毛球鞋的底较平，多为耐磨的橡胶或其他材料。一般人字纹的鞋底启动快，适合较硬场地，而辐射状纹的鞋底适合于所有场地。

（二）要求

（1）羽毛球鞋要求较高，要方便跑动，有较大的摩擦力，有助于运动员做出各种动作；

（2）打羽毛球时的急停、起动等动作对踝关节和膝关节的压力较大，因此好的球鞋应具有较好的缓冲性能；

（3）羽毛球鞋还应该能够提供向前、向后和其他方向变化的支撑功能；

（4）羽毛球鞋要穿着舒适、结实耐用、活动便捷。

第四章 羽毛球基本技术

　　羽毛球技术是指运动员在比赛中所采用的动作方法的总称。羽毛球的主要基本技术分为手法和步法两大类。手法包括握拍法、发球技术和接发球技术等；步法包括基本步法等。

第一节 握拍法

正确的握拍法是掌握和提高羽毛球技术水平的重要基础。基本握拍法有两种，即正手握拍法和反手握拍法。

 一、正手握拍法

正手握拍法常在正手发球、右场区击球和左场区头顶击球时使用，动作方法（见图4-1-1）是：

（1）虎口对着拍柄窄面的小棱边，拇指和食指贴在拍柄的两个宽面上，食指和中指略分开，中指、无名指和小指并拢握住拍柄，掌心不要紧贴；

（2）拍柄与手腕末端相平，拍面基本与地面垂直。

图4-1-1

二、反手握拍法

反手握拍法常用来击身体左侧的来球,动作方法(见图4-1-2)是:

(1)在正手握拍的基础上,拇指和食指将拍柄略向外转,拇指顶点在拍柄内侧的宽面上或内侧棱上,中指、无名指和小指并拢握住拍柄,柄端靠近小指根部,使掌心留有空隙;

(2)球拍斜侧向身体左侧,拍面略后仰。

图 4-1-2

第二节 发球技术

发球是组织进攻的开始,其质量的好坏,直接决定着比赛是主动还是被动,是赢球得分还是丧失发球权。发球按握拍法可分为正手发球和反手发球等。

一、正手发球

正手发球是指用正手握拍法发球。根据球在空中飞行的弧线,正手发球又分为正手发高远球、正手发平高球和正手发网前球等。这些发球的前期动作和准备动作相同,只是击球时和击球后的动作有所不同。

(一)正手发球前期动作和准备动作

正手发球前期动作和准备动作的动作方法(见图4-2-1)是:

(1)站在靠近中线一侧离前发球线1米左右的位置上,身体左肩侧对球网,左脚在前,脚尖向网,右脚在后,脚尖略向右侧,两脚距离与肩同宽,身体重心在右脚;

(2)准备发球时,右手握拍向右后侧举起,肘部略屈,左手拇指、食指和中指夹住球,举在腹部右前方,然后放开球,挥拍击球;

(3)击球时,身体重心由右脚移至左脚。

图4-2-1

(二)正手发高远球

正手发高远球的动作方法(见图 4-2-2)是：击球时手腕屈收，向前上方用力，以向上用力为主。

图 4-2-2

(三)正手发平高球

正手发平高球的动作方法(见图 4-2-3)是：击球时手腕屈收，向前上方发力，以向前用力为主。

图 4-2-3

(四)正手发网前球

正手发网前球的动作方法(见图 4-2-4)是:击球时上臂动作要小,手腕切送球,不要上挑。

图 4-2-4

二、反手发球

根据球在空中飞行的弧线,反手发球可分为反手发网前球和反手发平快球等。

(一)反手发球前期动作和准备动作

反手发球前期动作和准备动作的动作方法(见图 4-2-5)是:
(1)站位可在前发球线后 10~50 厘米及中线附近,也可在前发球线后及边线附近,面向球网,两脚前后开立(右脚或左脚在前均可),上体略前倾,身体重心在前脚上;

（2）右手臂屈肘，用反手握拍将球拍横举在腰间，拍面在身体左侧腰下；

（3）左手拇指与食指捏住球的两三根羽毛，球托朝下，球体或球托在球拍前对准拍面。

图 4-2-5

（二）反手发网前球

反手发网前球的动作方法（见图 4-2-6）是：

击球时，前臂带动手腕朝前横切推送，使球的飞行弧线略高于网顶，下落到对方前发球线附近。

图 4-2-6

(三)反手发平快球

反手发平快球的动作方法(见图 4-2-7)是:

反手发平快球的动作方法与反手发网前球基本相同,只是发力要突然,拍面要有"反压"动作。

图 4-2-7

第三节 接发球技术

接发球是还击对方发球的技术动作。良好的接发球不仅可以破坏发球方的战术企图，还可以由守反攻，掌握比赛主动权。因此，接发球是初学者不可忽视的技术，包括接发球站位和接发各种来球等。

 一、接发球站位

接发球站位包括单打接发球站位和双打接发球站位等。

(一)单打接发球站位

单打接发球站位的动作方法(见图4-3-1)是：

(1)站于离前发球线1.5米处，右发球区要站在靠近中线的位置，左发球区则站在靠近左边线的位置，主要是防备对方进攻反手部位；

(2)左脚在前，右脚在后，双膝略屈，收腹含胸，身体重心放在前脚，后脚脚跟略抬起；

(3)身体半侧向球网，球拍举在身前，注视对方。

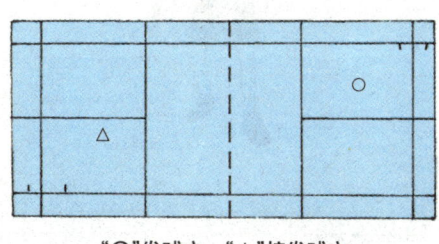

"○"发球方　"△"接发球方

图 4-3-1

(二)双打接发球站位

由于双打发球区比单打发球区短 0.76 米,双打时发高远球易被对方扣杀,所以多发网前球,双打接发球站位的动作方法(见图 4-3-2)是:

（1）站在靠近前发球线的地方；

（2）右脚在前，左脚在后，双膝略屈，收腹含胸，身体前倾，可将重心随意放在任何一脚；

（3）球拍高举，注视对方，尤其要注意右场区对方发平快球突袭本方反手部位。

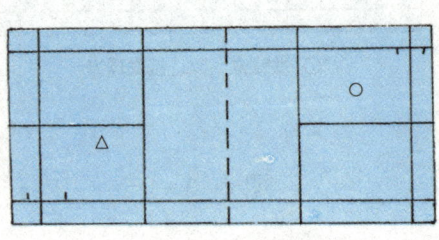

"○"发球方　"△"接发球方

图 4—3—2

二、接发各种来球

（1）对方发来高远球时，可用平高球、吊球或杀球还击（见图

4-3-3),但其前提是具备良好的后场进攻技术,否则可能会遭到对方反击;

(2)对方发来网前球时,可用平高球或平推球还击(见图4-3-4),使球的落点远离对方站位,不让其进攻;

(3)对方发来平快球时,可用平推球或平高球还击,以快制快,也可用高远球还击,以逸待劳。

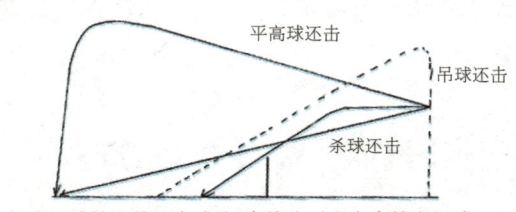

接高远球的三种还击球路(虚线为对方发来的高远球)

图 4-3-3

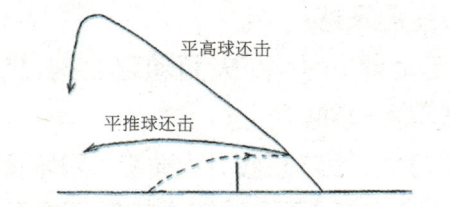

接网前球的三种还击球路(虚线为对方发来的高远球)

图 4-3-4

第四节 高球

高球是本方球员将球打到对方后场端线，使球经过高空飞行的一种羽毛球技术，特点是球速下落快，落点靠近后场。在自己被动防守时，常使用高球使对方远离中心位置而退到端线附近去回击，这样可以争取时间，调整场上位置，变被动为主动。高球按手法可分为正手击、反手击和头顶击高球，初学者应该掌握正手击高球和头顶击高球。

一、正手击高球

正手击高球的动作方法（见图4-4-1）是：

（1）判断好来球的方向和落点，侧身后退，使球处在自己的右肩略前上方的位置；

（2）左肩对网，右脚在前，左脚在后，重心在右脚上；

（3）左臂屈肘，左手自然高举，右手持拍，手臂自然弯曲，将球拍举在右肩上方，注视来球；

（4）击球时，右上臂后引，肘关节随之上提，高于肩部，将球拍后引至头部，自然伸腕，拳心朝上；

（5）然后后脚蹬地，转体收腹，以肩关节为轴协调用力，上臂带动前臂快速向前上方甩腕，在手臂伸直的最高点击球；

（6）击球后，持拍手臂顺惯性往前向左下方挥动并收拍至身体前方，同时左脚后撤，右脚向前迈出，身体重心由后脚移至前脚。

图 4-4-1

二、头顶击高球

头顶击高球的动作方法（见图 4-4-2）是：

头顶击高球与正手击高球的动作方法基本相同，只是击球点偏左肩上方，准备击球时身体偏左倾斜，击球时上臂带动前臂，使球拍绕过头顶，从左上方向前加速挥动，落地时左腿向左后方摆动，幅度大些。

图 4-4-2

第五节 吊球

吊球是自后场打到对方前场，使球向下坠落的一种羽毛球技术，特点是用力较轻、下坠迅速、出其不意，常在对方回球较高，或对方在后场（前场）来不及到达前场（后场）时使用，是一种很好的得分手段。吊球可分为正手、反手和头顶3种方法，初学者应该掌握正手吊球和反手吊球。

 一、正手吊球

正手吊球的动作方法（见图4-5-1）是：

正手吊球的动作方法和正手击高球基本相同，只是击球时拍面略向内倾斜，手腕做快速切削下压动作，击球托的后部和侧后部。若吊斜线球时，则球拍切削球托右侧并向左下方发力；若吊直线球，则拍面正对前方向下方切削。

图 4-5-1

 二、反手吊球

反手吊球常在对方将球击到己方左后场区时使用，动作方法（见图 4-5-2）是：

（1）判断好对方来球的方向和落点，迅速将身体转向左后方，移动步伐，最后一步用右脚前交叉跨到左侧底线，背对网，身体重心在右脚，使球处在身体右上方；

（2）击球前，迅速换成反手握拍法，持拍于胸前，拍面朝上；

042

（3）击球时注意拍面的掌握和力量的运用，吊直线球时，用球拍反面切削球托的后中部，向对方的右半场网前发力，吊斜线球时，用球拍反面切削球托的左侧，朝对方左半场网前发力。

图 4-5-2

第六节 杀球

杀球是把对方击来的球从尽量高的击球点斜压下去，特点是力量大、路线直、落地快、威胁大，常在对方回球较高，并且本方起跳比较舒服时使用，是一种主要的进攻技术。杀球分为正手杀直线和对角线球、头顶杀直线和对角线球、反手杀直线球，以及正手腾空突击杀直线球等。青少年初学者应该掌握正手杀直线球和反手杀直线球等。

一、正手杀直线球

正手杀直线球的动作方法（见图4-6-1）是：

（1）步子到位后，屈膝下降重心，准备起跳；

（2）侧身起跳时，往右上方提肩带动上臂、前臂和球拍上举，以便向上伸展身体；

（3）起跳后，身体后仰挺胸呈反弓形；

（4）接着右上臂往右后上摆起，前臂自然后摆，手腕后伸，前臂带动球拍由上往后下挥动，握拍要松；

（5）随后凌空转体收腹，带动右上臂往右上摆起，肘部领先，前臂全速往前上方挥动，带动球拍高速前挥；

（6）当击球点在肩的前上方时，前臂内旋，腕前屈略收，闪腕发力杀球，球拍正面击球托的后部，使球直线下行；

（7）杀球后，前臂随惯性往体前收，在回位过程中将球拍回收至胸前。

图 4-6-1

二、反手杀直线球

反手杀直线球的动作方法（见图 4-6-2）是：

反手杀直线球的动作方法和反手吊球基本相同，只是击球前的挥拍用力要大，击球瞬间球拍与杀球方向的水平面夹角小于 90 度。

图 4-6-2

第七节 搓球

搓球是用球拍搓击球的左侧下部(或右侧下部)的球托底部,使球向右侧或左侧旋转翻滚过网的一种羽毛球技术,常用于网前击球,特点是球在越过网顶后轨迹异常,造成对方回击困难,从而创造进攻机会。搓球分为正手搓球和反手搓球等。

 一、正手搓球

正手搓球的动作方法(见图4-7-1)是:

(1)侧身对右边网前,正手握拍,球拍随着前臂伸向右前上方斜举;

(2)当球拍举至最高点时,前臂向外旋转,手腕后伸略内收,握拍手的食指和拇指夹住球拍,中指、无名指和小指轻握拍柄,使球拍在手腕和手指的挥摆用力下,搓击来球的右下底部,使球旋转翻滚过网。

图 4-7-1

二、反手搓球

反手搓球的动作方法(见图 4-7-2)是:

(1)击球前前臂略往上举,手腕前屈,手背约与网同高,而拍面低于网顶,反拍面迎球;

(2)搓球时,主要靠前臂的前伸外旋和手腕由内收至外展的合力,搓击球的右侧后底部,使球侧旋滚动过网。

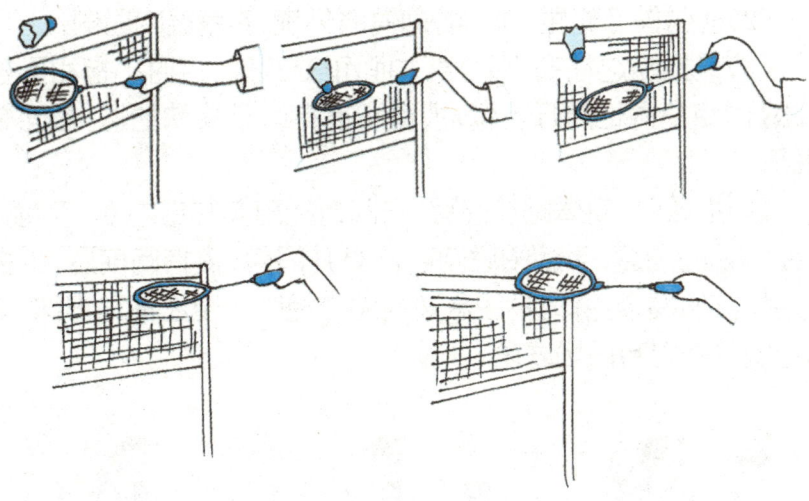

图 4-7-2

第八节 推球

推球是把对方击来的网前球推击到对方的后场两底角,特点是平快有力、进攻性强,常在对方回球在网前,并且高度适中时使用。推球包括正手推球和反手推球等。

一、正手推球

正手推球的动作方法(见图 4-8-1)是：
(1)站在右网前，球拍向右侧前上举；
(2)在肘关节略屈回收时，前臂略外旋，手腕略向后侧；
(3)球拍随之往右下后摆，拍面正对来球，这时小指和无名指略松开，使拍柄略离开手腕，拇指和食指向外捻动拍柄，拍面更为后仰；
(4)推球时，身体略往前移，右前臂往前伸并带内旋，手腕和手指控制拍面角度，手腕由后向前伸直并闪腕，食指向前压，小指和无名指突然握紧拍柄，拍子急速地由右经前上至左挥动推球，使球沿边线飞向对方后场底角。

图 4-8-1

二、反手推球

反手推球的动作方法(见图 4-8-2)是：

(1)站在左网前,以反手握拍前臂往前上方伸举,前臂略向左胸前收引,肘关节略屈;

(2)手腕外展时,变成反手推球的握拍法,球拍松握,反拍面迎球;

(3)前臂前伸并带外旋,手腕由外展到伸直闪腕,中指、无名指和小指突然握紧拍柄,拇指顶压;

(4)往右前方挥拍时,推击球托的左侧后部,使球沿对角线方向飞行。

图 4-8-2

051

第九节 勾球

勾球是把在本方右(左)边的网前球击到对方左(右)边网前的技术动作,其技巧性较高,常在对方回球在网前,并且本方击球点较远时使用,包括正手勾球和反手勾球等。

 一、正手勾球

正手勾球的动作方法(见图4-9-1)是:

(1)用并步加蹬跨步上右网前,球拍随前臂往右前斜上举,在前臂前伸时略有外旋,手腕略后伸,握拍手将拍柄略向外捻动,使拇指贴在拍柄的宽面上,食指的第二指关节贴在拍柄背面的宽面上,拍柄不触掌心;

(2)接着球拍向右侧前挥动,拍面朝着对方右网前方;

(3)击球时,靠前臂略有内旋往左拉收,手腕由略后伸至内收闪腕,挥拍拨击球托的右侧下部,使球向对方网前掠网坠落。

图 4-9-1

  二、反手勾球

反手勾球的动作方法(见图 4-9-2)是：

(1)站在左网前,反手握拍前平举；

(2)在身体前移的过程中,球拍随手臂下沉至离网顶 20 厘米处,握拍变成反拍勾球握拍法,拍面正对来球；

(3)当来球过网时,肘部突然下沉,同时前臂略外旋,手腕由略屈至后伸闪腕,拇指内侧和中指把拍柄往右侧一拉,其他手指突然握紧拍柄,拨击球部,使球沿对角线飞越过网。

图 4-9-2

第十节 扑球

对方发网前球或回击网前球时，在球刚越到网顶即迅速上网向斜下扑压，叫作扑球，其特点是速度快、飞行的路线短、威力巨大，常在对方击来的网前球刚过网而仍在网沿上方时运用，这样对方往往来不及挽救。扑球包括正手扑球和反手扑球等。

一、正手扑球

正手扑球的动作方法（见图 4-10-1）是：

（1）右脚蹬步上前，身体右侧前倾，手举球拍于右肩上方；

（2）击球时，手腕由后伸到前，屈收腕，带动球拍向下扑击，如果球离网顶较近，靠手腕从右前向左前"滑动"击球。

图 4—10—1

二、反手扑球

反手扑球的动作方法（见图 4-10-2）是：

（1）右脚跨至左前再蹬跳上网，身体右侧前倾，反手握拍举于左前上方；

（2）击球时，前臂伸直外旋带动手腕由内收至外展，拇指顶压加速挥拍扑球，若来球靠近网顶，手腕可外展，由左向右拉切击球，以免触网；

（3）击球后，右脚着地屈膝缓冲，回收球拍于体前。

图 4-10-2

第十一节 抽球

抽球是把在身体左右两侧、肩以下腰以上的来球平扫过去，常在对方回球低于本方头部，并且球处于本方身体近端时运用，特点是速度快、反攻威力强，是一种比较积极的接杀球方法，分为正手抽球和反手抽球等。

 一、正手抽球

正手抽球的动作方法（见图 4-11-1）是：

（1）站在右场区中部，两脚平行开立略宽于肩，重心在两脚间，略屈膝收腹，正手握拍举于右肩前；

（2）击球前肘关节前摆，前臂略往后带外旋，手腕略外展至后伸，引拍至体后；

（3）击球时前臂内旋，手腕伸直闪动，手指抓紧拍柄，球拍由右后方向右前方高速平扫盖击来球；

（4）击球后手臂左摆，左脚往左前方迈一步，右脚跟一步，回到中心位置。

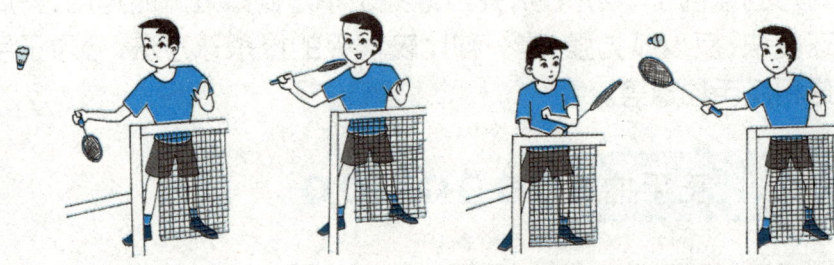

图 4-11-1

二、反手抽球

反手抽球的动作方法(见图 4-11-2)是:

(1)右脚前交叉在左侧前,重心在左脚上,右手反手握拍在左侧前;

(2)击球前,肘部略上抬,前臂内旋,手腕外展,引拍至左侧;

(3)击球时,在髋的右转动作带动下,前臂外旋,手腕由外展到伸直闪动,挥拍击球托的底部;

(4)击球后,球拍随身体的回动收回到右侧前。

图 4-11-2

第十二节 挑球

　　挑球是指将对方击来的吊球或网前球挑高,回击到对方后场,常在对方回球在网前,并且己方击球比较被动时运用。挑球可以赢得时间,重新调整身体重心与场上位置,准备下一次击球,变被动为主动。挑球包括正手挑球和反手挑球等。

一、正手挑球

正手挑球的动作方法(见图4-12-1)是:

(1)正手握拍举在胸前,右脚向网前跨出一大步,左脚在后,侧身向网,重心在右脚;

(2)同时右臂向后摆,自然伸腕,使球拍后引;

(3)以肘关节为轴,屈臂内旋,并握紧球拍,用食指及手腕的力量,将球向前上方击出。

图4-12-1

二、反手挑球

反手挑球的动作方法(见图4-12-2)是:

（1）反手握拍举在胸前，右脚向左前方跨出一大步，重心放在右脚上，同时右肩向网，屈肘引拍至左肩旁；

（2）以肘关节为轴，握拍经体前由下往上，用拇指第一指节压住拍柄的宽面，用力将球击出。

图 4-12-2

第十三节 基本步法

步法是羽毛球运动的"灵魂"。在比赛中，运动员要在本方场区约 35 平方米的面积内，来回奔跑并完成各种击球动作。如果没有快速而准确的步法，就无法灵活应对，将顾此失彼。由于羽毛球场

地较小,羽毛球的步法必须结合场地合理运用,而不是单一地运用某种步法,所以羽毛球步法是一种综合的步法,主要包括上网、后退和两侧移动等综合步法。

一、上网

上网是指从场地中心位置向网前移动的步法,包括蹬跨上网和两步蹬跨上网等。

(一)蹬跨上网

蹬跨上网的动作方法(见图4-13-1)是:
起动后左脚后蹬,侧身,右脚向球的方向跨出一大步击球。

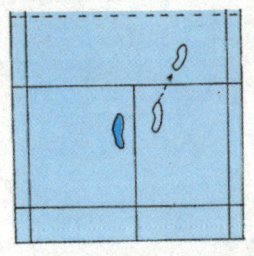
向右前场上网,用正手击球

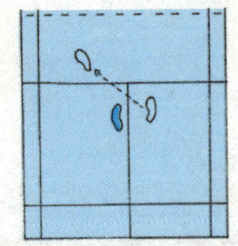
向左前场上网,用反手击球

图4-13-1

(二)两步蹬跨上网

两步蹬跨上网的动作方法(见图4-13-2)是:

起动后,左脚先朝球的方向迈一步,随即左脚后蹬,侧身,右脚朝球的方向跨一大步。

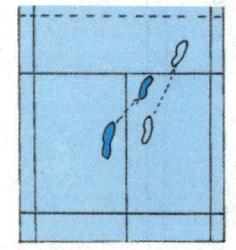   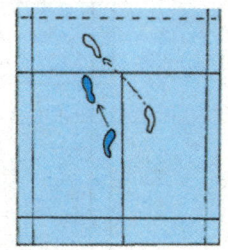

向右前场上网,用正手击球   向左前场上网,用反手击球

图 4-13-2

二、后退

后退是指从中心位置后退到底线的步法,包括侧身后退一步、侧身跨步后退和交叉步后退等。

（一）侧身后退一步

侧身后退一步的动作方法（见图 4-13-3）是：

起动后，以左脚前掌为轴，右脚往右后侧蹬转，后退一步，重心移至右脚（右脚脚尖朝右侧，左脚脚尖也顺势略转向右），呈侧身对网姿势。

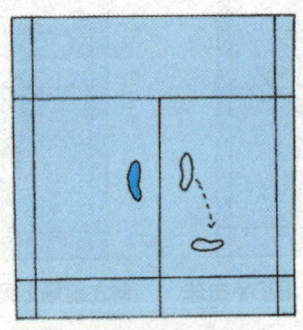

图 4-13-3

（二）侧身跨步后退

侧身跨步后退的动作方法（见图 4-13-4）是：

起动后，以左脚前掌为轴，左脚往左后侧蹬转，后退一步，右脚立即往身体左后方跨一步，重心移至右脚上，呈侧身对网姿势。

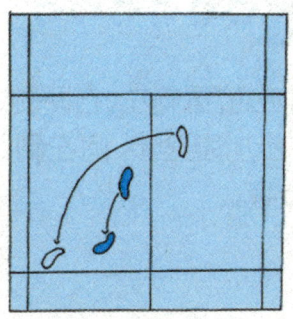

图 4-13-4

(三)交叉步后退

交叉步后退的动作方法(见图 4-13-5)是:

起动后,以左脚前掌为轴,右脚往右后侧蹬转,后退一步(步幅不宜太大),左脚立即经右腿交叉后退一步,随即右脚再往右后撤一步,重心落在右脚上,呈侧身对网姿势。

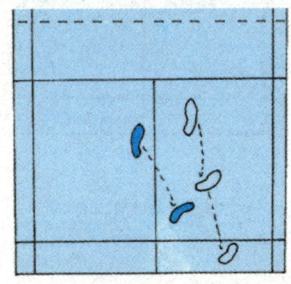

图 4-13-5

三、两侧移动

两侧移动是指从中心位置向左、右两侧边线移动的步法,包括向右侧蹬跨步、向右并步加蹬跨步、向左侧蹬跨步、向左蹬转跨步和向左垫步加蹬转跨步等。

(一)向右侧蹬跨步

向右侧蹬跨步的动作方法(见图 4-13-6)是:

起动后,左脚掌内侧用力蹬,右脚向右侧跨一大步,上身略向右侧倒,准备接球,击球后右脚前掌回蹬。

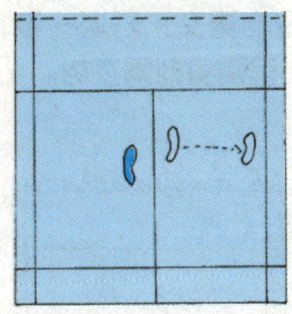

图 4-13-6

(二)向右并步加蹬跨步

向右并步加蹬跨步的动作方法(见图4-13-7)是：

起动后，身体倾向右侧，重心移至右脚，左脚垫小步向右脚靠拢，并以前脚掌蹬地，向右侧转髋，右脚向右侧跨步，脚尖朝外。

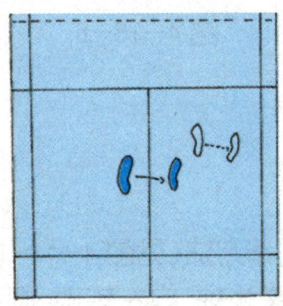

图4-13-7

(三)向左侧蹬跨步

向左侧蹬跨步的动作方法(见图4-13-8)是：

起动后，右脚掌内侧用力蹬起，同时向左转髋，左脚向左跨出一步，上身略向左侧倒并等待击球。

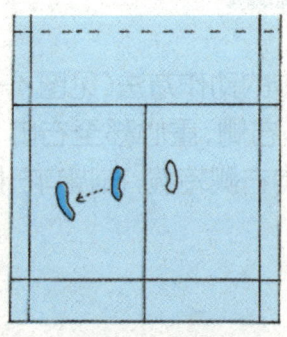

图 4-13-8

（四）向左蹬转跨步

向左蹬转跨步的动作方法（见图 4-13-9）是：

起动后，以左脚前掌为轴，向左转髋，同时右脚内侧用力起蹬，经左脚前向左侧跨出一大步等待击球。

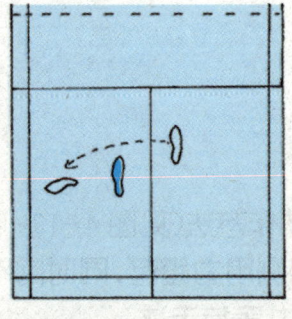

图 4-13-9

(五)向左垫步加蹬转跨步

向左垫步加蹬转跨步的动作方法（见图4-13-10）是：

起动后,左脚向左侧垫一步,此后的动作与上述向左蹬转跨步一致。

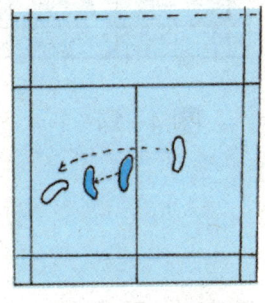

图4-13-10

第十四节 起跳腾空

起跳腾空是指用单脚或双脚起跳后凌空一击,经常在上网、后退和两侧移动中使用,但较多用于向左、右两侧进行跳起突击。

(一)右侧腾跃突击

右侧腾跃突击的动作方法（见图4-14-1）是：

当球从右侧上空飞向底线时,用左脚向右侧蹬地,右脚起跳,上体向右侧上空腾起截住来球,突击扣杀对方空当。

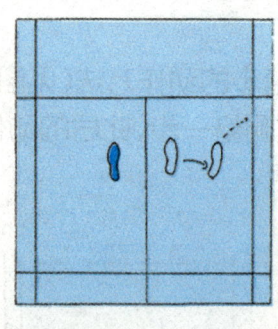

图 4-14-1

(二)左侧腾跃突击

左侧腾跃突击的动作方法(见图 4-14-2)是:

当球从左侧上空飞向底线时,右脚向左侧蹬地,右脚起跳,用头顶击球法突击,击球后,左脚后摆在身体重心的后面着地,一经制动缓冲,应立即回动至中心位置。

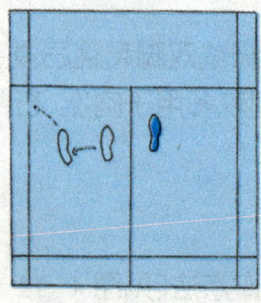

图 4-14-2

第五章 羽毛球基础战术

　　羽毛球战术是指运动员在比赛中为表现出高超的竞技水平和战胜对方而采取的计谋和行动。在羽毛球比赛中，双方都想要控制对方，力争主动，扬长避短，能够根据对方的不同特点，采取有变化的技术手段而胜之，这便是战术的意义。羽毛球基础战术包括单打战术和双打战术。

第一节 单打战术

羽毛球单打比赛中，运动员可根据自己和对方的技术、体力等，运用恰当的战术，扬长避短，争取主动，赢得比赛。羽毛球的基本单打战术包括发球抢攻战术、攻后场战术、逼反手战术、打四点球突击战术、吊杀上网战术和先守后攻战术等。

一、发球抢攻战术

由于发球不受对方干扰，发球者可以在规则许可的范围内，运用多变的发球先发制人，取得主动。运动员可以发平快球或网前球，为下一次回球创造进攻机会，形成发球抢攻战术。

二、攻后场战术

攻后场战术是指，采用重复打高远球或平高球的技术，压住对方后场两角，迫使对方处于被动状态，乘其回球质量不高，吊其空当，攻其不备。

三、逼反手战术

一般说来，后场反手击球的进攻性不强，球路也较简单，可根据这一特点运用逼反手战术，即先拉开对方位置，使对方反手区露出空当，然后把球打到反手区，迫使对方使用反拍击球。例如，先吊对方正手网前，若对方挑高球，便可运用平高球攻击对方反手区，在重复攻击对方反手区迫使其远离中心位置时，突然吊对角网前。

 四、打四点球突击战术

打四点球突击战术是指，以快速的平高球、吊球，准确地打到对方场区的4个角落，迫使对方前后左右奔跑，当对方来不及回中心位置或失去重心时，抓住空当进行突击。

 五、吊杀上网战术

吊杀上网战术是指，先在后场以轻杀配合吊球把球下压，落点位于场地两边，使对方被动回球，若对方还击网前球，便迅速上网搓球或勾对角球和平推球；若对方在网前挑高球，可在其后退途中把球直接杀到对方的身上。

 六、先守后攻战术

先守后攻战术是指，先以高球诱使对方进攻，在对方只顾进攻而疏于防守时，立即突击进攻；或者在对方体力下降、速度减慢时再发动进攻。这是一种以逸待劳、后发制人的战术，常在对方盲目进攻而体力又差时使用。

第二节 双打战术

双打比赛因为有两人配合，控制面积较大，不易出现防守漏

洞,因此若要制胜,必须动作迅速、反应灵敏、配合默契,具有高度的判断力和预见性,以及高水平的战术素养。双打基础战术包括攻人战术、攻中路战术、攻直线战术、攻后场战术、后攻前封战术和守中反攻战术等。

一、攻人战术

攻人战术是指,当发现对方有一个人的防守能力或心理素质较差,失误率较高或防守球路单调时,可把球进攻到这个较弱者的一边。这种战术可集中优势兵力以多打少,以优势打劣势,造成主动或得分;或使另一个不被攻击的人慢慢偏向同伴站位,形成站位上的空当,从而突击空当得分;还可造成对方思想上的混乱而互相埋怨,影响其士气。这是一种经常运用且行之有效的战术。

二、攻中路战术

攻中路战术是指,攻球时使落点集中在对方两人之间的结合部,并靠近防守能力较差的一侧,或在中线上。这种战术可以造成对方抢球或漏球,可以限制对方挑出大角度的球路,有利于我方网前的封网。

三、攻直线战术

攻直线战术是指,回球路线为直线,没有固定的目标和对象,只依靠回球的力量和落点来争取得分。当对方的来球靠边线时,攻球的落点在边线上;当对方的来球在中间区时,就朝中路进攻。

四、攻后场战术

攻后场战术是指，当对方后场扣杀能力较差时，采用平高球、推平球或接杀跳高球等，迫使对方一人在底线两角移动。一旦其还击被动，便可大力扑杀；若另一人后退支援，即可攻网前空当。

五、后攻前封战术

后攻前封战术是指，当本方取得主动攻势时，后场队员逢高必杀，前场队员积极移动封网扑打。

六、守中反攻战术

防守时，若对方攻直线球，我方则挑对角平高球；若对方攻对角球，我方则挑直线平高球，从而达到调动对方移动的目的，然后可采用平推球或勾网前球，由守反攻。这种战术称为守中反攻，它在对方网前扑、推、左右转体不灵时，可以很快获得由守转攻的主动权。

在灵活运用这些双打战术时，必须贯彻以下原则：

（1）赛前通过各种途径获取对方各种信息，做到知己知彼，百战不殆；

（2）两人配合要默契，在技术上要互相信任和勉励；

（3）坚持"以我为主""以快为主""以攻为主"的指导思想；

（4）察言观色，及时发现对方的战术意图，随机应变；

（5）发扬敢打敢拼的战斗作风。

第六章 羽毛球比赛规则

羽毛球比赛分男子单打、女子单打、男子双打、女子双打、混合双打、男子团体和女子团体 7 个项目，团体赛多采用五盘三胜制，单打和双打每场比赛采用三局两胜制，不受时间限制。

第一节 程序

羽毛球属于小球运动,比赛可由 2 人(单打)或 4 人(双打)在一块长方形的场地上进行。运动员要想参加比赛就需要了解比赛的相关程序。

一、参赛办法

(一)循环赛

羽毛球的团体赛采用单循环赛的较多。但是一般是采用分组、分阶段的方法,因为循环赛的比赛场数多,时间长,在参赛队数或人数较多时就不适用。循环赛比赛方法是所有在同一组的队相互间都要轮流比赛一次。

(1)比赛的名次排列是以胜次多的在前,如果二者胜次相同,则以二者间的胜者,名次排列在前,如果有三者或三者以上胜次相同,则要以他们在整个阶段中的净胜场数(单项赛以净胜局数)决定,一旦有二者相同,就以两者间比赛的胜者排列在前,如仍有三者以上相同,则依此再计算净胜局、净胜分,如果净胜分仍有三者以上相同,则以抽签决定他们的名次,所以,在循环赛中,当参赛者的技术水平势均力敌时,比赛中的每一场、每一局、每一分都极有可能关系到最终的名次;

(2)如果在一个组里,有来自同一单位的两个队(或参赛者),则他们之间的比赛应该安排在前,以避免在后几轮时,相互"放

水",打假球。

(二)单淘汰赛

羽毛球比赛的单项赛,一般都是采用单淘汰赛,因为一次比赛的参赛人数多,比赛只能采用单淘汰赛。单淘汰赛比赛的方法是参赛者按照 2 的乘方数(4、8、16、32……)捉对厮杀。胜者进入下一轮,负者即刻出局,每一轮比赛要淘汰一半参赛者。所以整个比赛进程迅速,扣人心弦。参赛者一有疏忽,随时都有可能立刻被淘汰。

(1)比赛轮次的安排关系到比赛的激烈程度和比赛的竞技水平的逐步升级,所以比赛的轮次安排要求,是每天一轮(或平均分配),如果做不到这一要求,则多余的轮次要安排在前几轮,决不能把水平接近的半决赛和决赛安排在同一天;

(2)种子和抽签进位。淘汰赛的机遇性很大。为使比赛的结果合理,就必须把水平较高的参赛者列为种子平均分开。同一单位的参赛者也必须平均分开,使其最后相遇。

(三)循环、淘汰混合制

为了使比赛在较短时间里结束,并且比赛的结果比较合理,在许多比赛中常把循环赛和淘汰赛结合使用。一般都是在第一阶段采用分组循环赛,第二阶段采用淘汰赛。例如世界羽毛球团体赛汤姆斯杯赛、尤伯杯赛、苏迪曼杯赛、世界羽毛球大奖赛总决赛等。

二、比赛方法

羽毛球比赛按下列发球规则进行。

(一)发球权

在一场比赛开始前,采用挑边的方法(抛硬币)来决定比赛开始时的发球方和场区。只有发球方胜一个回合才能得分。

1. 单打比赛

发球方站在右发球区发球,发球方胜该回合,得 1 分并换到左发球区继续发球,连胜连发球,直至发球方输,就换由对方发球。

2. 双打比赛

每局比赛开始的发球方,只有一次发球权,即由站在右发球区的球员发球,如果胜了该回合,得 1 分,并换到左发球区继续发球,输了就换由对方站在右发球区的球员发球,从此以后每方每个球员都有一次发球机会。

(二)合法发球

发球时,发球员和接发球员都必须站在斜对角各自的发球区内,发球和接发球。以下为发球员在发球时的违例:

1. 脚违例

发球时,发球员没站在发球区内,脚踩到或触及发球区界线或在发球的过程中脚移动或离开地面。

2. 没先击中球托

发球员发球击球时,球拍先击中羽毛或同时击中羽毛和球托。

3. 发球过腰

发球员的球拍在击中球的瞬间,球的任何部分必须低于发球员的腰部。

4. 发球过手

发球员的球拍在击中球的瞬间,球拍的拍杆必须向下,整个球拍的拍头必须明显低于发球员的握拍手部。这就迫使发球员发出的球是以向上的角度飞越过网。

5. 延误发球

当发球员和接发球员都站好各自的位置,做了发球和接发球的准备后,发球员迟迟不将球发出,或发球员的挥拍动作不连贯或有停顿,使发球带有假动作的效果,对接发球员产生不利的影响。

6. 发球时

发球员做了挥拍动作,但未击中球,球落地上,也做违例处理。

(三)重发球

当有重发球产生时,原回合不算,由原发球员重新发球。以下情况应作为重发球:

(1)除发球外,球过网后,挂在网上或停在网顶;

(2)发球时,发球员和接发球员同时被判违例;

(3)发球员在接发球员未做好准备时,把球发出;

(4)球在飞行中,球托与球的其他部分完全分离;

(5)裁判员不能作出判决时;

（6）出现意外情况。

（四）交换场区

为了使比赛双方在场地条件上机会均等，在以下情况时双方需要交换场地：

（1）在第一局比赛结束时，双方应交换场地；

（2）如果局数打成1∶1，在第三局开始前双方应交换场地；

（3）在第三局比赛中，当领先的一方比分达到8分（女子单打6分）时，双方也应交换场地。

第二节 裁判

羽毛球比赛是一项耗费体力的运动，而羽毛球技术水平也很复杂，在比赛的过程中经常会出现压线的情况，这就要求裁判员准确及时地作出判断。

一、裁判员

羽毛球比赛的裁判员由组委会选派，包括主裁判员和边裁判员，裁判员要熟悉羽毛球规则、竞赛规程和行为准则中的所有内容，并按《羽毛球比赛规则》进行工作。在比赛中应按照比赛要求着装，在开赛前负责召集双方运动员进入场地和选择发球权。

二、记分方法

(一)得分

羽毛球比赛只有发球方才能得分。开始,经过双方来回对击,直到球成死球为止,为发球方胜一个回合,就得 1 分,并继续发球,不得分,就换由接球方发球。

(二)局

男子单打和其他所有双打项目,都是以一方先得 15 分为胜一局。女子单打以一方先得 11 分为胜一局。

(三)场

正式的羽毛球比赛,每场比赛均采用三局两胜制。比赛时,当有一方连续胜了两局或在双方各胜一局后,某方再胜了决胜局(第三局),为取得了这场比赛的胜利。

三、违例

比赛中如发球方被判"违例",则失去一次发球权,发球方被判"违例",接发球方得 1 分。以下为各种违例:
(1)发球不合法;
(2)球落在界线以外(球压线为界内球);

083

(3)球碰屋顶或场地外的障碍物;

(4)球不过网或从网下进入对方场区;

(5)运动员的身体或衣服被球击中;

(6)球碰运动员的球拍后继续向该运动员的后场飞去;

(7)运动员的球拍、身体或衣服触及网或网柱;

(8)运动员在网前举拍,以此阻挠对方在靠近网前的击球;

(9)过网击球,即运动员击球时的击球点不在击球员网的一边;

(10)连击,即一名运动员连续两次挥拍,两次击中球,或双打比赛时,两名同伴连续各击中一次球;

(11)持球,即击球时,球在击球员的球拍上有拖带或停留;

(12)运动员因行为不端被警告后再犯或犯有严重的行为不端,裁判员可以判该运动员违例。

乒乓球

第七章 乒乓球概述

乒乓球运动是双方在中间隔一球网的球台上，用球拍轮流击球的一项球类运动。这项运动大约在 19 世纪末期起源于英国，随后传到美国、欧洲中部、日本和中国等地。乒乓球运动于 1988 年获得奥林匹克运动会承认，正式成为比赛项目，发展至今已成为一项世界性的体育运动项目。

第一节 起源与发展

乒乓球起源于英国,欧洲人至今一直把乒乓球称为"桌上的网球"(table tennis)。由此可知,乒乓球是由网球发展而来的。

一、起源

19世纪末,欧洲盛行网球运动,但由于受到场地和天气的限制,英国有些大学生便把网球移到室内,以餐桌为球台,书作球网,羊皮纸作球拍,在餐桌上打来打去。乒乓球运动由此诞生。

二、发展

20世纪初,乒乓球运动在欧洲和亚洲蓬勃开展起来。1926年,在德国柏林举行了国际乒乓球邀请赛,后被追认为第1届世界乒乓球锦标赛,同时成立了国际乒乓球联合会。从第1届世界乒乓球锦标赛至今,乒乓球运动的发展可大致概括为以下几个阶段。

(一)欧洲的全盛时期

乒乓球是从欧洲兴起并向世界传播的。20世纪50年代以前,欧洲人主宰了世界乒坛,特别是1902年英国人发明了胶皮球拍,使乒乓球技术发生了很大的变化。在这一时期举办的数届世界锦标赛中,欧洲人夺得了绝大部分的冠军,成就了欧洲乒乓球运动的全盛时期。

(二)日本的突破

20世纪50年代初,有人在球拍上进行了一次革新,发明了海绵球拍。这种球拍弹力大、出球速度快,更利于进攻打法。

1952年,日本运动员首次在世界锦标赛上使用这种球拍,采取远台长抽结合快速移动的打法,一举夺得了第19届世界锦标赛的4项冠军,打破了数十年来欧洲人垄断世界乒坛的局面,同时也标志着亚洲乒乓球势力的崛起。

(三)中国的崛起

1959年,中国首次获得男子单打世界冠军;1961年,首次获得男子团体世界冠军。从第26届到第28届的3届世界锦标赛中,中国运动员夺得了半数以上的冠军,在与外国队的比赛中占有明显的优势,成为世界公认的乒乓强国。

第二节 特点与价值

乒乓球运动易于开展、技巧性强、球路变化丰富,观赏性强,吸引着无数爱好者投身其中。而且,经常参加乒乓球运动,可不同程度地提高反应能力和活动能力,并能在运动中互相交流,建立友谊。

一、特点

(一)简单方便

乒乓球运动的器材设备简单,室内室外都可以进行,运动量可大可小,不同年龄、性别和身体条件的人都可以参加,很容易被大众所接受。

(二)变化丰富

乒乓球运动球速快、球路变化多,要求练习者在短时间内,对瞬息万变的击球有较强的反应能力和应变能力。

二、价值

(一)提高身体素质

长期参加乒乓球运动,随着水平的不断提高、运动量的加大,不仅能够提高速度、力量和身体的灵敏性、协调性,而且能够使肌肉发达、结实、健壮,使关节更加灵活稳固。

(二)加强神经系统的灵活性

迅速移动步法,调整击球的位置与拍面角度,进行合理的还击

等,这一切活动都是在大脑指挥下迅速完成的。所以,经常参加乒乓球运动,可大大提高神经系统的反应速度。

(三)改善心血管系统的功能

经常参加乒乓球运动,能使心血管系统的结构和机能得到改善,心肌变得发达有力,每搏输出量增多,心脏的工作效率提高,这有利于身体的新陈代谢,提高整个身体机能水平。

(四)提高心理素质

乒乓球是竞技运动,由于竞争激烈,成功和失败的条件经常转换,参赛者情绪状态也非常复杂。参赛者经受这些变幻莫测、胜负难料、激烈竞争的锻炼,体验了种种情绪。同时,在比赛中,一方要对另一方的战术意图进行揣摩,把握自己的战术应用,这能够使参与者的心理素质得到很好的锻炼。

(五)促进交流,增加友谊

乒乓球运动除了单打项目外,还有双打和团体等集体项目,这些有利于培养参与者的集体主义精神。而且,通过参加乒乓球运动,双方可以相互交流经验,切磋球技,达到相互学习、共同提高、建立良好的人际关系的目的。

第八章 乒乓球场地、器材和装备

乒乓球运动具有很强的观赏性和艺术性，对场地、器材和装备都有一定的要求。场地是乒乓球运动开展的前提，而良好的器材和装备是运动参与者发挥较高水平的必要保障。因此，乒乓球爱好者应该了解场地、器材和装备的相关知识。

第一节 场地

乒乓球场地在乒乓球竞赛规则中的专用语为"赛区",它是比赛条件的一个重要的组成部分。

一、规格

乒乓球场地呈长方形,长14米,宽7米,室内场地高度不能低于4米。

二、设施

(一)乒乓球台

(1)乒乓球台用木料或其他材料制成,长2.74米,宽1.53米,高0.76米,台面呈暗色无光泽,厚0.35米;

(2)球台周边有一条2厘米宽的白线,与网垂直的称为"边线",与网平行的称为"端线";

(3)双打台面有一条与边线平行的3厘米宽的白色中线,把台面分为两个相等的半区(见图8-1-1)。

图8-1-1

(二)乒乓球网

(1)球网用暗绿色蜡线编成,长183厘米,高15.25厘米,网顶镶有白布边,中间穿以绳线,固定在网架上;

(2)网架为铁制,高15.25厘米,颜色为单一暗色,不反光。

三、要求

(1)比赛场地用高0.75米的深色挡板围起,与相邻场区及观众席隔开;

(2)光源离地面高度不低于4米,整个台面的照明度均匀,且不低于400勒克斯,其他部位的照明度,不低于台面的一半;

(3)地面一般为暗色,不应有明亮的光源或透过未加覆盖的窗子的日光;

(4)地板不能漆成淡色或有明显反光。

第二节 器材

乒乓球的器材包括乒乓球和乒乓球拍,器材的好坏在一定程度上可以决定比赛的成绩。

一、乒乓球

乒乓球应为圆球体,直径40毫米,重2.7克,用赛璐珞或类似的塑料制成,呈白色或橙色,且无光泽(见图8-2-1)。

二、乒乓球拍

(一)规格

乒乓球拍的大小、形状和重量不限,但底板应平整、坚硬(见图8-2-1)。

(二)材质

(1)板厚度至少应有85%的天然木料,加强底板的黏合层可用碳纤维等纤维材料,每层黏合层不超过底板总厚度的7.5%或0.35毫米;

(2)用来击球的拍面应用一层颗粒向外的普通颗粒胶覆盖,连同黏合剂厚度不超过2毫米,或用颗粒向内或向外的海绵胶覆盖,连同黏合剂厚度不超过4毫米。

(三)要求

(1)覆盖物应覆盖整个拍面,但不得超过其边缘,靠近拍柄部分以及手指执握部分可不予覆盖;

(2)球拍两面不论是否有覆盖物,必须无光泽,且一面为鲜红色,另一面为黑色;

(3)由于意外的损坏、磨损或褪色,造成拍面的整体性和颜色上的一致性出现轻微的差异,只要未明显改变拍面的性能,均可允许使用；

(4)比赛中运动员需要更换球拍时，必须向对方和裁判员展示将要使用的球拍，并允许检查。

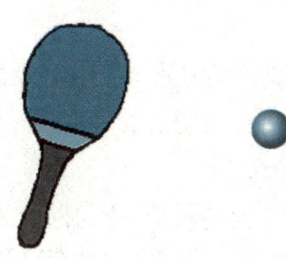

图 8-2-1

第三节 装备

乒乓球运动的服装分为正规的比赛装备和普通的运动服装。

一、正规比赛装备

(一)服装

1. 款式

乒乓球服装款式有很多种，多以短袖的、带领的款式为主，分为男款和女款。

2. 要求

(1)运动衫、短裤、短裙可以是任意颜色，但其主色应与比赛用球的颜色明显不同，衣袖和衣领除外；

（2）运动衫背后的中间位置应优先佩戴组织者指定的标明运动员身份的号码布，面积不大于600平方厘米；

（3）在前面或侧面佩戴的徽章或字样，总面积不超过64平方厘米；

（4）在运动服前面或侧面的任何标记或装饰物，以及运动员佩戴在比赛服上的任何物品，如珠宝装饰等，均不应过于显眼或反光，以致影响对方的视线；

（5）有关比赛服的合法性及可接受性问题，应由裁判长决定；

（6）团体赛或同一协会运动员组成的双打，服装款式和颜色应一致，鞋袜除外；

（7）比赛的双方应穿着颜色明显不同的运动衫，以使观众能够容易区分他们；

（8）当双方所穿服装颜色类似，且均不愿更换时，应由抽签决定某一方必须更换。

（二）比赛用鞋

比赛用鞋一般是软胶底的，容易蹬地和发力。

二、普通运动服装

普通运动服装只要质地柔软、吸汗，大方，不紧身，简单舒适即可。

第九章 乒乓球基本技术

乒乓球基本技术是初学者必须要掌握的基础知识，包括握拍、发球、接发球、推挡球、攻球、搓球、削球和步法等。

第一节 握拍

握拍方法与击球动作有着密切的关系,每个击球动作都是由手臂、手腕和手指相互配合完成的。对于初学者来说,选择一种适合自己的握拍方法,养成良好的握拍习惯,是打下坚实基本功的前提。握拍包括直拍握法和横拍握法等。

一、直拍握法

直拍握法一般分为快攻型直拍握法、弧圈球直握拍法和削球直握拍法等。

(一)快攻型直拍握法

快攻型直拍握法常在正手抢攻时使用,特点是动作简单,容易得分,动作方法(见图9-1-1)是:

(1)拇指与食指自然而平均地钳住拍柄,拍柄贴住虎口;

(2)其他三指自然弯曲,重叠于拍面背后,中指第一指关节顶在拍背1/3处,使球拍保持平衡。

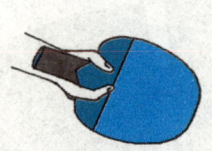 

图9-1-1

(二)弧圈球直握拍法

弧圈球直握拍法常在直拍正手拉球时使用,便于控制球拍角度发力,特点是动作幅度大,击球路线呈弧形,动作方法(见图9-1-2)是:

(1)与快攻型握拍法基本相同,在球拍前面,食指扣住拍柄,形成一个环状,拇指贴住拍柄左侧;

(2)中指和无名指较直地以第一指节顶住球拍背面,小指自然贴在无名指之下。

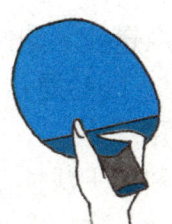
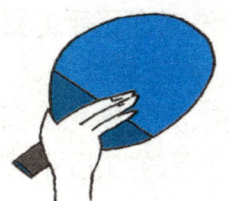

图 9-1-2

(三)削球直握拍法

削球直握拍法常在防守时使用,特点是动作幅度大,用力柔和,容易控制球路,动作方法(见图9-1-3)是:

(1)拇指自然弯曲,紧贴拍柄左侧;

(2)第一指节用力下压,其余四指自然分开,顶住球拍背面。

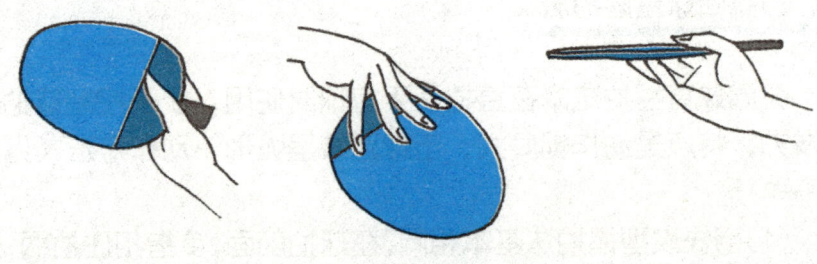

图 9-1-3

  二、横拍握法

横拍握法常在正手力量大时使用,特点是技术动作复杂多变、击球力量大,打法种类多,动作方法(见图 9-1-4)是:

(1)中指、无名指和小指自然握住拍柄;

(2)拇指在球拍正面,食指自然伸直,斜放于球拍背面,虎口贴住拍肩;

(3)正手攻球时食指略向上移,反手攻球时拇指可略向上移。

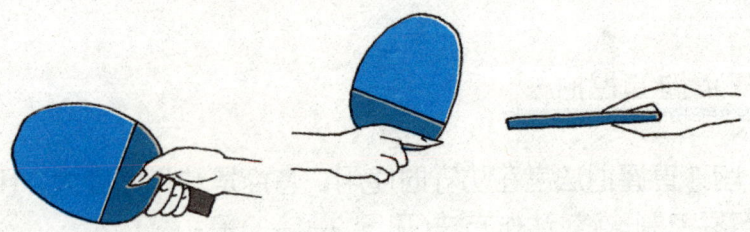

图 9-1-4

第二节 发球

发球是乒乓球运动的基本技术之一，有效的发球是决定比赛结果的关键环节，也是培养乒乓球兴趣的一条重要途径。发球由抛球和挥拍击球两个动作组成。抛球是前提，击球部位和挥拍方向是决定发球性质的关键，用力大小和第一落点的远近是发球变化的条件。发球包括平击发球、正手发下旋加转球、正手发急上旋球、反手发急奔球和反手发急下旋球等。

 一、平击发球

平击发球常在初学者练习时使用，特点是动作简单、容易掌握，是初学发球的入门技术，动作方法（见图 9-2-1）是：

（1）持球手将球向上轻轻抛起，同时持拍手向后引拍；

（2）当球从高点下降时，持拍手以肘为轴，前臂向右前方横摆击球；

（3）向前挥拍时，拍面略向前倾，击球中上部；

（4）击球后第一落点应在对方的球台中区。

图 9-2-1

二、正手发下旋加转球

正手发下旋加转球常在发球抢攻时使用,特点是使球加转,给接球者增加难度,动作方法(见图9-2-2)是:

(1)持球手将球抛起,持拍手向后上方引拍,拍呈横状,略前倾;

(2)手臂由后上方向前下方挥摆,前臂做旋外转动,使拍面后仰角度加大,用球拍左下部击球中下部。

图 9-2-2

三、正手发急上旋球

正手发急上旋球常在对方注意力不集中、偷袭对方正手、反手球时使用,特点是动作更小、出手更快、球速更急,动作方法(见图9-2-3)是:

(1)站位靠近球台约35厘米,左脚略向前,身体略向右转;

(2)左手掌心托球,右手向右后方引拍;

(3)球下落时前臂迅速前挥,拍面略前倾,用前臂和手腕发力,击球中上部,击球后,前臂顺势向前挥动。

图 9-2-3

四、反手发急奔球

反手发急奔球常在偷袭对方反手位时使用,特点是球速快、弧线低、前冲力大,动作方法(见图 9-2-4)是:

(1)站位靠近球台左方,离台约 35 厘米,右脚略前,上体略向左转,左手掌心托球,置于腹前左侧,右手持拍于身体左侧;

(2)球抛起后,右手执拍向左后方引拍;

(3)待球下落时,前臂迅速向右前方挥动,以略前倾拍形击球中上部。

图 9-2-4

五、反手发急下旋球

反手发急下旋球常在控制对方反手拉球，变被动为主动时使用，特点是充分利用转体动作，球速快、弧线低、前冲力大，动作方法（见图9-2-5）是：

（1）站位及准备动作与反手发急奔球相似，但拍形略后仰，起拍较高；

（2）击球中下部，并向前下方摩擦球，击球点一般比网略低。

图 9-2-5

第三节 接发球

接发球是乒乓球运动基本技术之一，好的接发球能够控制对方进攻，变被动为主动。接发球技术包括接急球、接短球、接左侧上（下）旋球和接右侧上（下）旋球等。

 一、接急球

接急球常在对方发各种速度快的转或不转的来球时使用,特点是知己知彼,变化多样,动作方法是:

（1）对方反手发过来左角急球时,一般用推挡回接,回接斜线球应尽可能角度大些,注意手腕外旋,用拍触球左侧面,使对方难以侧身抢攻或快速变直线;

（2）如果用反手攻球或削球回接,则要移步后退,等来球力量减弱时再回击,这样容易发挥自己的力量和提高准确性;

（3）接急下旋球时,如用推挡回接,要使拍面略向后仰,用拍触球左下部,同时手腕外旋将球推过去;

（4）侧身回击急下旋球时,要适当加大提拉力量,还要注意加快前臂内旋速度,如用反手接球,同样要适当加大提拉力量,并注意加快前臂外旋速度;

（5）横板两面攻的选手可用反手拉弧圈球的方法回接急下旋球,身体要略向后退,拍形略向前倾,在球的下降期接击球的中部或中下部,将球拉过去。

 二、接短球

接短球常在对方发近网球时使用,特点是角度刁、速度快,动作方法是:

（1）对方发来近网短球,可以将球回到对方近网处,使其不易发力进攻,要使回球的落点短,上步时身体应保持稳定,特别是击球时应控制住身体的前冲力,在拍触球的刹那间控制住拍形,迅速减力,做回收动作,将球击打过去,还可用快攻方法回接,当球跳

到高点期时,将拍略竖起,靠手腕和前臂的力量迅速发力回击;

(2)对方发下旋短球,可用搓球回接,搓球时除拍面略后仰外,还要略用力向前送球,如来球下旋力强,则要相对加大向前力量,使回球的弧线增高,以免下网(见图9-3-1)。

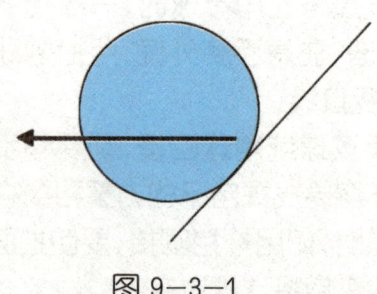

图 9-3-1

三、接左侧上(下)旋球

接左侧上(下)旋球常在对方发或打过来的左侧上旋或下旋的球时使用,特点是以转带转,转或不转变化多,动作方法是:

(1)接左上旋球时,可用推挡回接,迎击时将球拍略向左倾斜,并迅速使拍前倾,然后用力将球压过去,如用削球回接,除使拍面略向左倾斜外,还要将拍竖得高一些,加大手臂向前下方摩擦的力量,以免将球回高(见图9-3-2);

(2)当对方发来左下旋球时,可用搓球或削球回接,接球时拍面略向左倾斜,拍形略后仰,前臂向前下方用力切球,搓球和削球回接时间有所不同,削球回接应略迟一些,或在下降期击球,搓球则应在下降前期击球,回接左侧下旋球时,最好用拉抽的方法,接球时拍面略向左偏斜,并适当加大提拉力量,以利于提高准确性(见图9-3-3)。

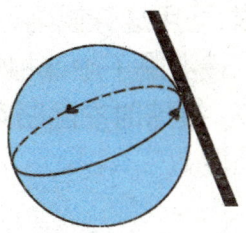

图 9-3-2

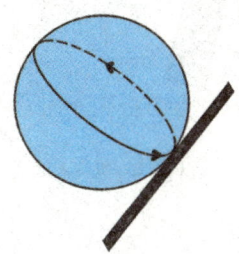

图 9-3-3

 四、接右侧上（下）旋球

接右侧上（下）旋球常在对方发和打过来的右侧上旋或下旋的球时使用，特点是以转带转，转或不转变化多，动作方法（见图9-3-4）是：

（1）接右侧上旋球时，可用推挡回接，接球时，先将球拍略向右偏斜，并迅速使拍面略向前倾，然后用力将球推压过去，如想把球回到对方的左角，则拍面应正对对方左角，并用力将球推到靠近边线处，反之想将球回到对方右角，则拍面应正对着对方球台中央，尽量利用拍面的偏斜角度来抵消球的右侧旋力；

107

(2)接右侧下旋球时,可用搓球或削球回接,接球时,拍面应向右偏斜,其他动作要领与接左侧下旋球相同,以抽球回接右侧下旋球时,最好使用拉抽方法,接球时拍面略向右偏斜,并适当加大提拉力量,以利于提高准确性。

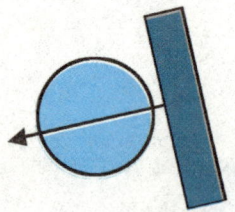
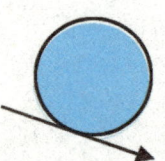

图 9-3-4

第四节 推挡球

推挡球是初学者应掌握的一项技术,学习推挡球时,可以变换推挡球的力量和旋转等来改变推挡的方法,从而抑制对方的进攻,为自己进攻创造机会。推挡球包括挡球、减力挡、快推、加力推和推下旋等。

一、挡球

挡球常在初学者熟悉球性时使用,可以提高对球的感觉,也可以用来挡对方的不转球和上旋球,特点是球速不是很快,动作简

单,有利于控制对方,动作方法(见图 9-4-1)是:

(1)站位离球台约 50 厘米,两脚平行或右脚略在前;

(2)击球前,前臂和手腕略向前移动,借助球的反弹力将球挡回;

(3)在来球的上升期击球中部,拍与台面接近垂直;

(4)击球后,迅速收回球拍,还原击球前的准备姿势。

图 9-4-1

二、减力挡

减力挡常在对方来球力量大或来球为上旋时使用,特点是击出去的球弧线较低、落点短、力量小,容易减弱来球的力量,动作方法(见图 9-4-2)是:

(1)站位与挡球相同;

(2)在球拍触球的刹那间,手臂前移动作骤然停止,也可以将球拍轻轻后移,以减弱来球的反弹力;

(3)要想使减力挡控制得好,应善于根据来球力量和上旋强度大小,调节球拍角度,掌握触球瞬间球拍后移的动作。

图 9-4-2

三、快推

快推常在回击对方旋转较弱的攻球时使用,可以把球快推到对方球台的两个角,以控制对方,特点是动作小、球速快、变化多,动作方法(见图9-4-3)是:

(1)站位同上,持球手臂和肘内收,前臂略外旋;

(2)击球时,前臂向前推出,手腕外旋,食指压拍,拇指放松,使拍前倾;

(3)在来球上升期击球中部,将球快推过去;

(4)击球后,手臂前送,手腕配合外旋,使球拍下压。

图 9-4-3

四、加力推

加力推常在回击对方慢球、上旋慢飘球和对方回击到反手位的高球时使用,特点是回球力量大,球速较快,落点变化多,能有效牵制对方,动作方法(见图9-4-4)是:

(1)击球时间较快推略慢一些;

(2)在准备推挡时,前臂向后收,球拍略提高,根据来球弹起的高度,及时调整拍形角度;

(3)在上升后期或高点,击球中上部;

(4)前臂向前推压发力,击球时拍形固定,手腕不要转动。

图 9-4-4

五、推下旋

推下旋常在对方发下旋球、平击球和对方在对攻当中主动上手时使用,特点是弧线低平、下旋,动作方法(见图9-4-5)是:

(1)准备击球时,手腕不要外转,拇指压拍,拍面保持一定后仰;

(2)在上升期后段击球中下部;

(3)推击时应适当增大向前和向下的力量,以压低回球弧线。

图 9-4-5

第五节 攻球

攻球具有速度快、力量大和应用范围广等特点,适时运用攻球可以增强主动性和自信心。判断来球、移动步法、挥拍击球和迅速还原,是攻球的4个基本环节。攻球包括正手攻球和反手攻球,根据站位不同又有近台、中近台、中远台和远台之分(见图9-5-1)。

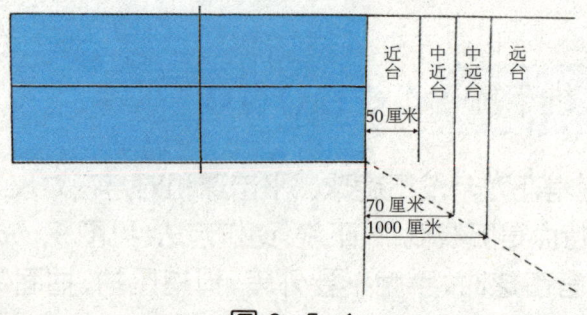

图 9-5-1

一、正手攻球

正手攻球包括正手近台攻球、正手中远台攻球、正手拉弧圈球和正手扣杀等。

(一)正手近台攻球

正手近台攻球与落点相结合,可快速击球过网,常使对方措手不及,特点是站位近、动作小、速度快,容易"借力打力",动作方法(见图 9-5-2)是:

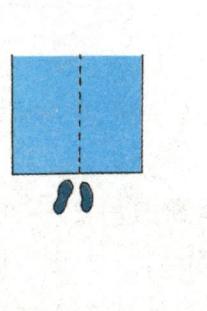

113

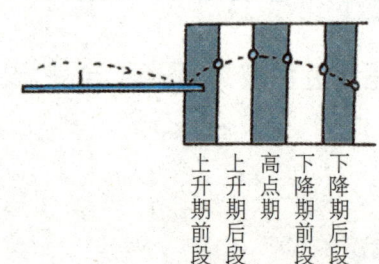

图 9-5-2

（1）两脚平行或右脚略靠后，距离球台 20～30 厘米，两膝略屈，上体略前倾，身体大致正对右侧网柱；

（2）击球前身体略向右转，同时引拍至身体右侧，上臂与身体的夹角内有一拳之隔，与前臂的夹角约为 120 度；

（3）在来球落到本方球台弹起的上升期击球，击球过程中身体左转同时右手随之迎接来球；

（4）击球时拍形应略向前倾，击球中上部，当拍触球时迅速收前臂至左眉前方。

正手近台攻球时有几种常见的错误动作(见图9-5-3),应注意避免:

(1)抬肘过高,影响击球的准确性;

(2)前臂和球拍垂直成直角,形成了"吊拍",上臂和身体的夹角过大,影响发力;

(3)击球时球拍和手成一条直线而包住球,球容易被打飞;

(4)准备击球时手臂夹得太紧,影响手臂的发力。

图9-5-3

(二)正手中远台攻球

正手中远台攻球常在对方来球出台,且球速较慢或对攻相持、防御反击时使用,特点是站位较远,动作幅度大,靠自身发力击球,力量大,要求步法快,移动范围广,能为扣杀制造机会或直接得分,动作方法(见图9-5-4)是:

(1)离球台约1米,身体略向右转,左脚在前,张开上臂,前臂自然弯曲,引拍至身体右后下方,重心落在右脚;

(2)当球处于高点期或下降初期时,击球中下部或中部,拍形略后仰;

（3）击球时充分利用蹬地及腰、肩向右转动，发力，以上臂发力为主，带动前臂和手腕，向左前上方挥动；

（4）当拍触球时，前臂快速收至左眉前方。

图 9-5-4

（三）正手拉弧圈球

正手拉弧圈球根据手臂前摆的路线以及拉球的方法，分为正手拉前冲球和正手拉加转高吊弧圈球。

1. 正手拉前冲球

正手拉前冲球常在回击对方下旋球或不转的来球时使用，特点是拉出的球一般为上旋球，具有速度快和线路活等特点，动作方法（见图9-5-5）是：

（1）近台站位，右脚略后，重心放在右脚上；

（2）击球前引拍至身体右侧下方，使拍呈半横状，手臂自然打开；

（3）来球从台面弹起时，用脚蹬地，腰部向左上方转动，同时上臂带动前臂向左前上方加速挥动，击球瞬间整个身体的力量传递到手腕，加速度达到最大；

(4)在来球弹起的下降初期迎击,迎击来球时,摩擦球的中部(加转)或中上部(前冲),使球上旋;

(5)当球拍和球接触后,前臂快速从斜上方收至左眉前方。

2.正手拉加转高吊弧圈球

正手拉加转高吊弧圈球常在对方回击的下旋球时使用,特点是拉加转弧圈球,球飞行的弧线较高,上旋强,球速比较慢,球在落点后下沉速度快,动作方法(见图9-5-6)是:

(1)中远台站位,右脚略后,重心放在右脚上;

(2)击球前引拍至身体右侧下方,使拍呈半横状,手臂自然打开;

(3)来球从台面弹起下降时,用脚蹬地,腰部向左方转动,同时上臂带动前臂向上方加速挥动,前臂充分回收到右耳侧面停止,击球瞬间整个身体的力量传递到手腕,加速度达到最大;

(4)在来球弹起的下降初期迎击,迎击来球时,摩擦球的中部(加转)或中上部(前冲),使球上旋;

(5)当球拍和球接触后,球拍与地面的角度要接近90度,这样有利于加转。

图9-5-5

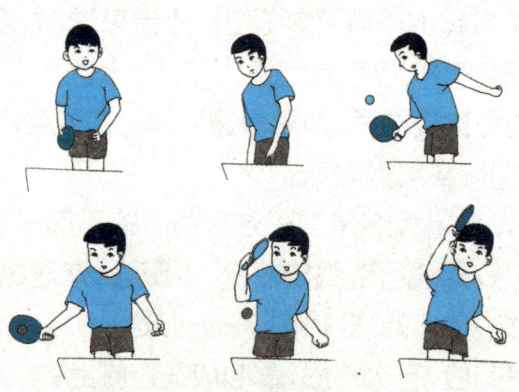

图 9-5-6

（四）正手扣杀

正手扣杀常在来球为半高慢球和出台的高球时使用，特点是动作幅度大、力量重、速度快、威力大，动作方法（见图 9-5-7）是：

（1）离球台 40~50 厘米站位，左脚在前，身体右转，重心在右脚；

（2）击球前，引拍向右后方，略偏下，使球拍高于台面；

（3）拍面倾斜角度由来球的旋转决定，来球上旋时，拍形略前倾，击球中上部，来球下旋时，拍略低于来球，击球中部，在来球弹起的高点期击球；

（4）来球弹起低于 50 厘米时，挥拍横向前左方挥动击球，路线近似直线；

（5）来球弹起高于 50 厘米时，挥拍斜向左前下方挥动击球，在球的高点期击球中上部，充分发挥手臂的力量，手臂随势下压至身体左侧，腰部同时配合发力。

图 9-5-7

二、反手攻球

反手攻球方法与正手攻球相同,但用拍面反面击球,包括反手近台攻球、反手快拨、反手快点、反手快拉和反手扣杀等。

(一)反手近台攻球

反手近台攻球常在回击左半台来球时使用,特点是站位近、动作小、速度快、突击性强,动作方法是:
(1)击球过程要注意收腹,转髋转腰;
(2)以肘关节为轴心,前臂发力为主,手腕有一向前上方摩擦球的动作;
(3)保持适宜的击球点尤为重要,离身体太远或太近都难于发力。

（二）反手快拨

反手快拨是横拍者常用的一项相持性技术，常在应对弧圈球、直拍推挡或反手攻球时使用，特点是站位近、动作小、落点变化多、速度较快，但力量较差，动作方法（见图 9-5-8）是：

（1）上臂贴近身体，前臂迅速前伸迎球；

（2）拍面前倾，借来球反弹力将球拨回；

（3）注意线路落点变化并与突击结合运用，掌握好击球时间。

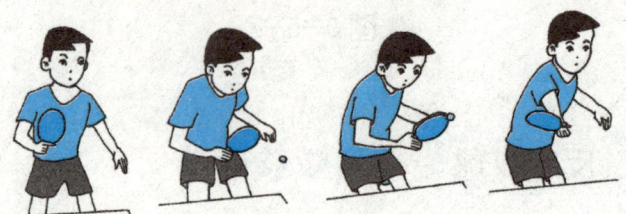

图 9-5-8

（三）反手快点

反手快点是直、横拍两面攻打法的一项重要技术，多用于前三板，常在对方发短球和相互摆短时使用，可以抢先上手以争取下一板的进攻机会，特点是速度快、线路活、具有突然性，动作方法（见图 9-5-9）是：

（1）左方近网来球，以左脚向左前方上步；

（2）中间偏左来球，则以右脚向前上步；

(3)快点斜线时,球拍触球中部偏左,由后向前、向右挥动;
(4)快点直线时,球拍触球中部,由后向前、向左挥动;
(5)注意重心及时前移,上体贴近球台,以利于在高点期击球。

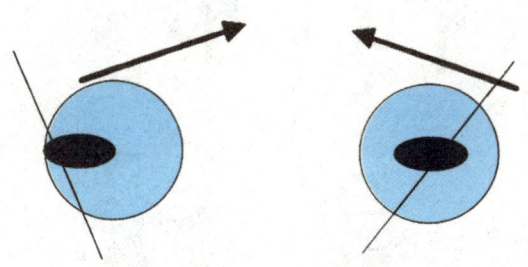

图 9-5-9

(四)反手快拉

反手快拉常在对方给反手位下旋球、削球,以及双方对搓中使用,能争取主动或直接得分,特点是站位近、动作小、速度较快、落点变化多,动作方法(见图9-5-10)是:
(1)根据来球落点、长短,迅速移位;
(2)一般多以单步或跨步向左方、左前方或左后方移动,正对来球;
(3)击球过程中,注意收腹,以增大击球空间;
(4)应根据来球的下旋强度,调节摩擦球时用力的大小和弧线的高低。

图 9-5-10

(五)反手扣杀

反手扣杀常在对方反手位高球或在发球、相持中取得机会后使用,特点是动作大、力量重、球速快、攻击性强,是还击机会球的重要方法和得分的有效手段,动作方法(见图 9-5-11)是:

(1)以整个手臂和腰的协调配合来增加击球的力量;

(2)球拍触球瞬间用力要集中,避免仅用手腕弹击球;

(3)上臂要带动前臂,向前右方挥出,同时配合腰部用力;

(4)注意击球点不宜离身体太近。

图 9-5-11

第六节 搓球

搓球是乒乓球运动中的一项很重要的技术，包括慢搓和快搓等。

慢搓常在对方来球为台内下旋球时使用，特点是动作幅度较大，回球较慢，如果旋转变化用得好，还可为进攻创造条件并直接得分。慢搓包括反手慢搓和正手慢搓等。

(一)反手慢搓

反手慢搓的动作方法(见图9-6-1)是:

(1)右脚略前,身体离台约50厘米;

(2)持拍手臂向左上引拍,击球时前臂和手腕向前上方用力,同时配合内旋转弯腕动作,拍形后仰,在球下降期后段击球的中下部;

(3)击球后前臂随势前送;

(4)横拍搓球时,拍形略竖一些,击球后前臂向右下方挥拍。

图9-6-1

(二)正手慢搓

正手慢搓的动作方法(见图9-6-2)是:
(1)左脚略前,身体略向右转;
(2)击球前手臂向右上方引拍;
(3)然后前臂和手腕向左前下方用力搓球;
(4)在球的下降后期击球的中下部。

图9-6-2

快搓常用于对付削球和搓球,特点是动作小、回球较快,能借球力回击,包括反手快搓和正手快搓等。

(一)反手快搓

反手快搓的动作方法(见图9-6-3)是:

(1)右脚略前移,身体靠近球台;

(2)来球在身体左侧时,可运用反手搓球;

(3)击球时,上臂迅速前伸,前臂跟随向前;

(4)拍形略后仰,利用上臂前送力量,在球的上升期击球的中下部。

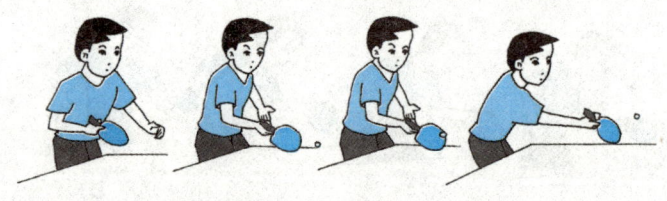

图 9-6-3

(二)正手快搓

正手快搓的动作方法(见图9-6-4)是:

(1)用正手搓身右侧球的时候,身体略向右转;

(2)手臂向前右上引拍；
(3)前臂和手腕向前下方用力；
(4)在上升期击球中下部。

图 9-6-4

第七节 削球

削球是乒乓球运动中的一项重要技术，包括远削和近削等。

  一、远削

远削常在回击对方的扣杀、弧圈球和拉攻球时使用，特点是动

作大、球速慢、弧线长、回球下旋,可通过旋转和落点的变化来进行反攻。远削包括正手远削和反手远削等。

(一)正手远削

正手远削的动作方法(见图 9-7-1)是:

(1)左脚略前,身体离球台 1 米以外;

(2)上体略右转,重心在右脚上;

(3)击球前手臂自然弯曲,将球拍向右上引至同肩高;

(4)击球时手臂向左前下方挥动,在球的下降期击球的中下部,拍形略后仰;

(5)触球时前臂加速削击,同时手腕向下转动用力,击球后球拍随势前送,重心移到左脚。

图 9-7-1

(二)反手远削

反手远削的动作方法(见图 9-7-2)是:

(1)右脚略前,身体左转,手臂弯曲;

(2)球拍向左上方引至与肩同高,拍柄向下,重心放在左脚上;

(3)击球时手臂向右前下方挥动,前臂和手腕加速用力削击来球;

(4)在球的下降期击球的中下部,拍形后仰;

(5)击球后上体向右转动,球拍随势挥至身体右侧,重心移到右脚。

图 9-7-2

二、近削

近削常在回击对方轻拉的球和一般的上旋球时使用,特点是动作小、球速快、前进力较强,包括正手近削和反手近削等。

(一)正手近削

正手近削的动作方法(见图 9-7-3)是:
(1)左脚略前,身体离台 50 厘米左右,上体略向右转;
(2)在球上升后期或高点期,击球的中部或中下部;
(3)击球时手臂弯曲,拍引至与肩同高,拍形略后仰;
(4)触球时前臂用力向左前下方挥动,手腕配合下压。

图 9-7-3

(二)反手近削

反手近削的动作方法(见图 9-7-4)是:
(1)右脚略前,手臂弯曲向左上引拍;
(2)击球时前臂向右前下方挥动,手腕配合用力下压;
(3)在球的上升后期或高点期击球,击球点在中部或中下部。

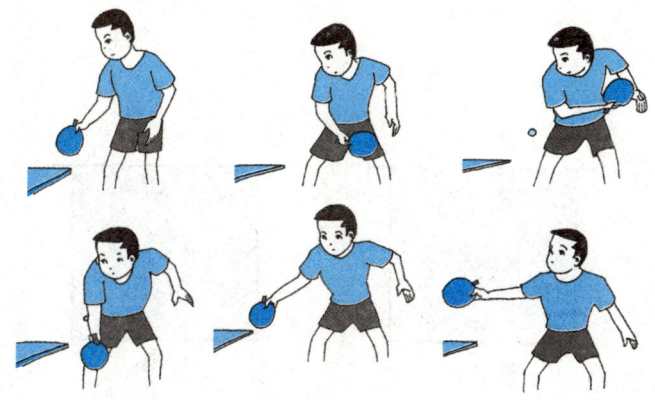

图 9-7-4

第八节 步法

步法是击球的基本环节之一,它是争取主动、摆脱被动的重要方法,包括单步、跨步、跳步、侧身步、并步和交叉步等。

 一、单步

单步常在来球角度不大时使用,动作方法(见图 9-8-1)是:以一脚前脚掌为轴,另一脚向前、后或左、右移动一步。

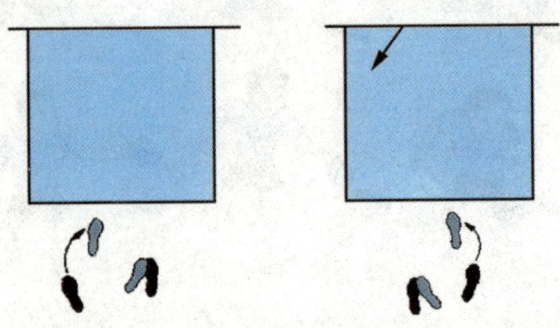

图 9-8-1

二、跨步

迈出的步幅不宜过大,动作要轻盈流畅。

跨步常在从基本站位向左或向右移动时使用,动作方法(见图9-8-2)是:

一脚向来球方向移动,另一脚随即跟着移动一步。

注意事项:

跨步时要注意击球的位置,确保跨一步就能击到球,同时动作要快速。

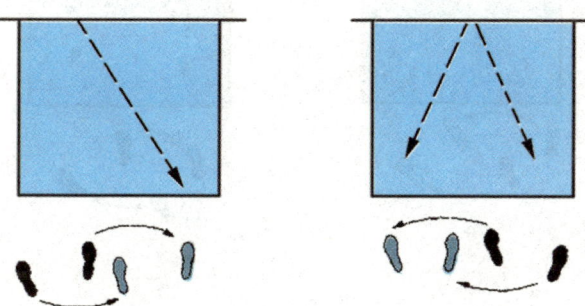

图 9-8-2

三、跳步

跳步常在来球较快、角度较大时使用,动作方法(见图9-8-3)是:

一脚用力蹬地,使两脚离开地面,同时向前、后、左、右跳动。

注意事项:

看准对方的来球,向右侧跳时左脚迅速发力,向左侧跳步时右脚迅速发力,在跳步的同时要想清楚合理运用哪项技术。

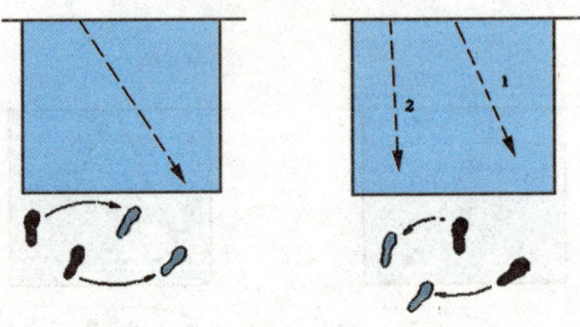

图 9-8-3

四、侧身步

侧身步常在来球紧逼身体时使用,动作方法(见图9-8-4)是:

(1)一种方法是,左脚先向左跨出一步,然后右脚随即向左后

方移动;

(2)另一种方法是,左脚先向前插上,然后右脚向左后移动。

注意事项:

一定要先预判来球的方向,再做出左前还是左后方上步。

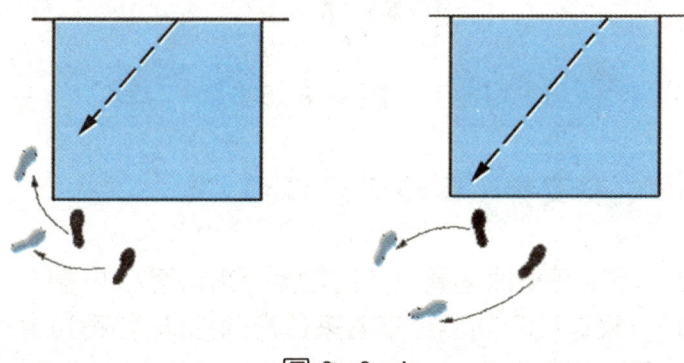

图 9—8—4

五、并步

并步常在来球速度不快的情况下使用,特点是移动范围大,能保持重心稳定,动作方法(见图9—8—5)是:

(1)移与来球异方向的脚,另一脚在随后并一步;

(2)来球同方向的脚再向来球的方向迈一步迎击来球。

注意事项:

(1)一定要注意先动哪只脚,左侧来球要先动右脚,相反,右侧来球先动左脚;

(2)后跟步的脚要迅速。

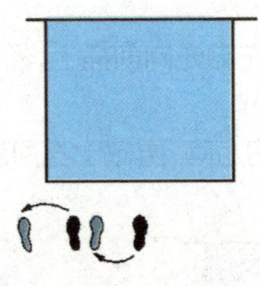

图 9-8-5

六、交叉步

交叉步常在来球远离身体时使用，动作方法（见图 9-8-6）是：
(1) 以来球反方向的脚向着来球方向移动，并超过另一脚；
(2) 另一脚随即向来球方向移动。

注意事项

(1) 注意先动哪只脚，左侧来球要先动右脚，相反，右侧来球先动左脚；

(2) 以向右侧交叉步为例，左脚向右迈出时一定要超过右脚的位置，以便右脚能迈出更远的位置来击球。

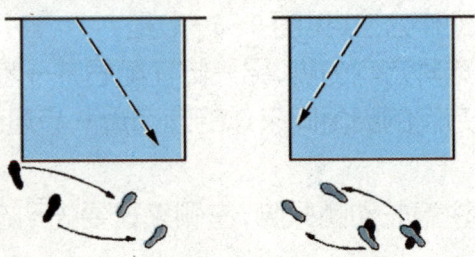

图 9-8-6

第十章 乒乓球基础战术

乒乓球运动和其他体育项目一样拥有丰富的战术,初学者可以根据自己的具体情况,合理地运用自己的基本技术,以及各种技术动作的组合,形成个人的基础战术。正确利用自己的战术,才能扬长避短,再加上针对对方的技术特点,做到"知己知彼",这样才能获得胜利。基础战术包括快攻型战术和弧圈球型战术等。

第一节 快攻型战术

快攻型战术的特点是力争主动、先发制人，包括发球抢攻战术、对攻战术和拉攻战术等。

 一、发球抢攻战术

发球抢攻战术常为技术比较全面，并且具有扎实的发球技术者使用，特点是发球角度和旋转变化都极大，动作方法（见图10-1-1）是：

(1)反手发侧上、下旋球至对方正手近网或对方反手底线，准备抢攻；

(2)反手发急下旋斜线长球，配合直线长球和短球，准备抢攻；

(3)侧身用正手发高抛或低抛左侧上下旋球至对方中路或左边角，结合发直线长球与短球，准备抢攻，此方法对快攻、弧圈和削球打法有效；

(4)正手发转与不转短球至对方右方或中间，配合发至对方反手长球，准备抢攻。

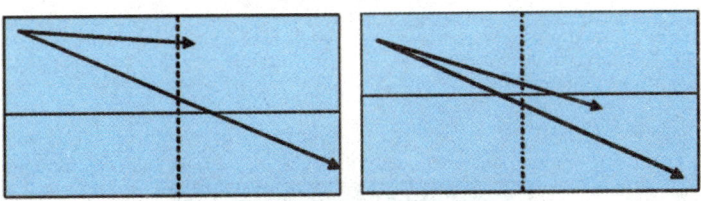

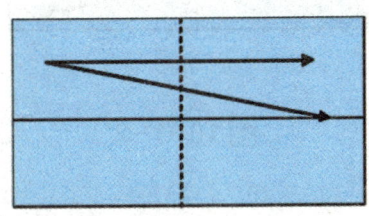

图 10-1-1

 二、对攻战术

  对攻战术常在你来我往的对攻中使用,特点是变化多、控球力强,动作方法(见图 10-1-2)是:
  (1)紧压对方反手突变正手;
  (2)以右引左,准备进攻;
  (3)加力推对方的前冲球,并配合落点。

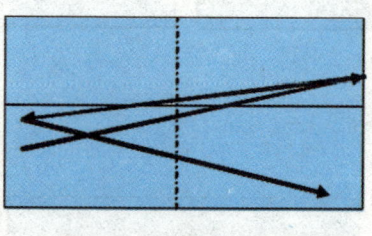

图 10-1-2

 三、拉攻战术

拉攻战术常用于对付削球选手,特点是击球稳定,落点和速度变化多,动作方法(见图10-1-3)是:
(1)拉左右大角找机会扣杀中间直线;
(2)拉追身球,找机会扣杀直线或左右大角;
(3)拉长球与摆短球相结合;
(4)拉与搓相结合。

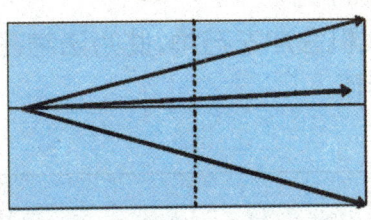

图 10-1-3

第二节 弧圈球型战术

弧圈球型战术是比赛中常用的战术,包括发球抢冲战术、对攻战术和拉攻战术等。

 一、发球抢冲战术

发球抢冲战术的方法与快攻打法相同。

 二、对攻战术

对攻战术常用于对付快攻、弧圈球选手,特点是击球稳定,落点和速度变化多,动作方法(见图 10-2-1)是:

(1)拉加转弧圈球至对方反手,准备进攻;

141

（2）拉短球至对方正手位后冲对方反手，此方法常在对方反手推挡、弧圈能力较强时使用；

（3）拉中路后找机会冲左右角，此方法常在对方两面攻和应付弧圈能力较强时使用。

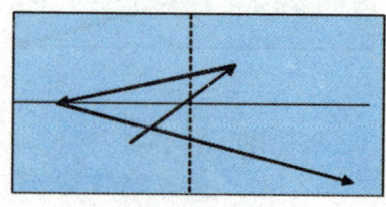

图 10-2-1

三、拉攻战术

拉攻战术常用于对付削球手，特点是落点和速度变化多，动作方法（见图 10-2-2）是：

（1）拉对方左右两个大角；

（2）拉追身球，准备冲左右大角；

（3）拉不同旋转的长、短弧圈球，准备抢冲中路。

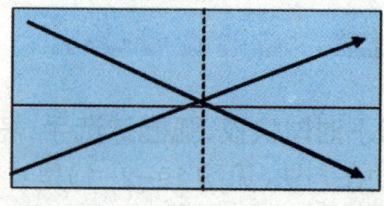

图 10-2-2

第十一章 乒乓球比赛规则

乒乓球比赛若要按计划有秩序地顺利进行,需要将整个比赛科学地、合理地组织好,安排好。理解并掌握本章内容会使乒乓球运动的参赛者,在赛前能够从战略上作出某些准备。如果青少年朋友想成为一名出色的乒乓球比赛的组织者,就更应该掌握本章内容。

第一节 程序

乒乓球比赛需要按照一定的程序来进行,以保证比赛的公平、公正和公开。

一、参赛办法

乒乓球比赛的常用方法主要有单循环赛和单淘汰赛两种,如把这两种方法结合运用,则叫混合制。比赛方法的选用要依据比赛的目的、场地和参加队数(人数)等条件而定。

(一)单循环赛

参加比赛的队或运动员之间轮流比赛一次,称为单循环赛。

1. 单循环赛计算名次的方法

通常胜一场得2分,输一场得1分,未出场比赛或未完成比赛的场次为"0"分,小组名次根据所获得的场次分段决定,如果相同,就参照彼此的胜负关系甚至胜负局数。

2. 分组循环赛

单循环赛虽能比较正确地排定所有参赛队(或人)的名次,但是在参加队(或人)数较多的情况下,因比赛次数多而给比赛的组织和管理带来困难,所以很难采用,在这种情况下可采用分组循环赛。分组循环赛最常用的编排方法为"固定逆时针轮换方法"(见表

11-1-1,以 6 人参赛为例,如果参赛人数为奇数,可以用"0"补空缺配成偶数)。

表 11-1-1

第一轮	第二轮	第三轮	第四轮	第五轮
1→6	1→5	1→4	1→3	1→2
2→5	6→4	5→3	4→2	3→6
3→4	2→3	6→2	5→6	4→5

(二)单淘汰赛

参加比赛的队(或人)按照编排秩序进行比赛,胜者进入下一轮比赛,负者被淘汰,直到决出冠军,称为单淘汰赛。单淘汰赛的场次相对少,有利于在较短的时间内安排较多的选手进行比赛。但这种方法合理性差,偶然情况较大,须采取一些措施来克服这些缺陷,才能在实际应用中发挥它的作用。

 二、比赛方法

(一)比赛术语

(1)回合:球处于比赛状态的一段时间;
(2)球处于比赛状态:从发球时,球被有意向上抛起前,静止在

不执拍手掌上的一瞬间,到该回合被判得分或重发球;

(3)重发球:不予判分的回合;

(4)一分:判分的回合;

(5)执拍手:正握着球拍的手;

(6)不执拍手:未握着球拍的手;

(7)击球:用握在手中的球拍或执拍手手腕以下部分触球;

(8)阻挡:对方击球后,处于比赛状态的球尚未触及本方台区也未超过比赛台面或其端线,触及本方运动员或其穿戴的任何物品;

(9)发球员:在一个回合中,先击球的运动员;

(10)接发球员:在一个回合中,第二个击球的运动员;

(11)裁判员:被指定管理一场比赛的人;

(12)裁判助理:被指定在某些方面协助裁判员工作的人。

(二)练球

一场比赛开始前,运动员有权在比赛开始的球台上练球两分钟。

(三)发球、接发球和方位的选择

(1)选择发球、接发球和这一方、那一方的权力应由抽签来决定,中签者可以选择先发球或先接发球,或选择先在某一方;

(2)当一方选择了先发球或先接发球,或选择先在某一方后,另一方应有另一个选择的权力;

(3)在每方各发两球之后,接发球方即成为发球方,依此类推,直至该局比赛结束,或者直至双方比分都达到 10 分或实行轮换发球法,这时,发球和接发顺序仍然不变,但每人只轮发一分球;

(4)在双打的第一局比赛中,先发球方确定第一发球员,再由先接发球方确定第一接发球员,在以后的各局比赛中,第一发球员确定后,第一接发球员应是前一局发球给他的;

(5)在双打中,每次换发球时,前面的接发球员应成为发球员,前面的发球员的同伴应成为接发球员;

(6)在双打决胜局中,当一方先得 10 分时,接发球方应交换接发球顺序;

(7)一局中,在某一方位比赛的一方,在该场下一局应换到另一方位;在决胜局中,一方先得 5 分时,双方应交换方位。

(四)合法发球

(1)发球时,球应放在不持拍手掌上,手掌应静止、张开、伸平、四指并拢,拇指自然张开;

(2)球停留在静止的不持拍手掌上的最后一刻,直到发球时击球,不持拍手和球以及整个球拍,应始终高于球台水平面;

(3)发球员只能手向上抛球,不得使球旋转,使球从手掌向上直抛,至少抛到离不持拍手手掌上 16 厘米;

(4)当球从抛起的最高点降落时,发球员才能击球,并使球先触及发球员台区,然后直接越过或绕过球网,触及接球员台区;

(5)在双打中,球应先触及发球员的右半区,然后直接越过或绕过球网,触及接球员的右半区。

（五）合法还击

对方发球或还击后，本方运动员必须击球，使球直接越过或绕过球网装置，或触及球网装置后，再触及对方台区。

（六）比赛顺序

（1）在单打中，先由发球员合法发球，再由接发球员合法还击，然后两者交替合法还击；

（2）在双打中，先由发球员合法发球，再由接发球员合法还击，然后由发球员的同伴合法还击，再由接发球员的同伴合法还击，此后，运动员按此顺序轮流合法还击。

（七）重发球

回合出现下列情况应判重发球：

（1）如果发球员发出的球，在越过或绕过球网装置时，触及球网装置，触网、触网柱后被接发球员或其同伴阻挡；

（2）如果接发球员或同伴未准备好时，球已发出，而且接发球员或其同伴均没有企图击球；

（3）发生了运动员无法控制的干扰，而使运动员未能合法发球、合法还击或遵守规则；

（4）裁判员或副裁判员暂停比赛；

（5）在双打时，运动员错发、错接；

(6)可以在下列情况下暂停比赛；
(7)要纠正发球、接发球顺序或方位错误；
(8)要实行轮换发球法；
(9)警告或处罚运动员；
(10)比赛环境受到干扰，以致该回合结果有可能受到影响。

第二节 裁判

对比赛而言，裁判员合理的裁判工作是比赛顺利进行的保证；对参赛者个人而言，了解和掌握裁判规则能够使自己充分发挥技、战术水平。

一、裁判员

乒乓球比赛一般需要两名裁判员（1名主裁判和1名副裁判）。主裁判主要是报明得分、违例、发球等，副裁判主要翻记分牌、记录比赛结果等。

二、评分及记分

乒乓球比赛包括男女单打、男女双打和混合双打。双打比赛以两名运动员为一方，单打比赛以一名运动员为一方。有发球权的一方叫发球方，对方叫接发球方。

(一)分制

除被判重发球的回合,下列情况运动员得 1 分:

(1)对方未能合法发球,具体有:对方在非法延误发球时间内做假动作,对方在接发球时,双脚触及接发球区的界限,对方在发球时,两脚只有一脚离地或移动,对方发球时,挥拍未触及球,对方发球后,球出界、不过网、球从孔里或网下穿过、碰到任何外界的物体;

(2)对方未能合法还击;

(3)在发球或还击后,对方在击球前,球触及了除球网装置以外的任何东西;

(4)对方击球后,该球越过本方端线而没有触及本方台区;

(5)对方阻挡;

(6)对方连击;

(7)对方或他方穿戴的任何东西使球台移动;

(8)对方或他方穿戴的任何东西触及球网装置;

(9)对方不执拍手触及比赛台面。

(二)局制

在一局比赛中,先得 11 分的一方为胜方,10 平后,先多得 2 分的一方为胜方。

(三)场制

(1)奥运会乒乓球比赛采用七局四胜制,但双打预选赛采用五局三胜制;

(2)一场比赛应连续进行,但在局与局之间,任何一名运动员都有权要求不超过两分钟的休息时间。

(四)胜负评定

1.一局比赛

在一局比赛中,先得11分的单打或双打运动员为胜方,但打到10平以后,必须先得2分者为胜方。

2.一场比赛

国际规定单打为七局四胜制、双打为五局三胜制。

三、犯规

犯规的内容很多,就发球来说就有以下几点要注意的:

(1)发球时,球应放在不执拍手的手掌上,手掌张开和伸平,球应是静止的,在发球方的端线之后和比赛台面的水平面之上;

(2)发球员须用手把球几乎垂直地向上抛起,不得使球旋转,并使球在离开不执拍手的手掌之后上升不少于16厘米;

(3)当球从抛起的最高点下降时,发球员方可击球,使球先触及本方台区,然后越过或绕过球网装置,再触及接发球员的台区,

在双打中，球应先后触及发球员和接发球员的右半区；

（4）从抛球前，球静止的最后一瞬间到击球时，球和球拍应在比赛台面的水平面之上；

（5）击球时，球应在发球方的端线之后，但不能超过发球员身体（手臂、头或腿除外）离端线最远的部分。

 四、违例

下列情况属于违例：

（1）接发球员或同伴未准备好时，球已发出，而且接发球员或其同伴均没有企图击球；

（2）发生了运动员无法控制的干扰，而使运动员未能合法发球；

（3）在双打时，运动员错发、错接。

 五、罚则

违反了犯规条款的要求，同时违例多次的判对方得分。